D1701362

Fly & Camp Träume

Werner K. Lahmann

MIT DEM WOHNMOBIL DURCH SÜDAFRIKA

Werner K. Lahmann

MIT DEM WOHNMOBIL DURCH SÜDAFRIKA

Drei Brunnen Verlag GmbH & Co., Stuttgart

Einband und Layout: Jürgen Reichert
Karte: Ingenieurbüro artic, Duisburg, Karlsruhe
Fotos: Werner K. Lahmann, forum Präsentation, Weil der Stadt (S. 27)
Lektorat: Barbara Locher
Gestaltung: Petra Gerlach, Barbara Locher

Die Deutsche Bibliothek –
CIP-Einheitsaufnahme

Lahmann, Werner K.:
Mit dem Wohnmobil durch Südafrika / Werner K. Lahmann. – 1. Aufl. – Stuttgart : Drei-Brunnen-Verl., 1998
(Fly- & Camp-Träume)
ISBN 3-7956-0257-2

ISBN 3-7956-0257-2

1. Auflage 1998

Alle Rechte dieser Ausgabe vorbehalten
© 1998 by Drei Brunnen Verlag GmbH & Co., 70191 Stuttgart, Friedhofstr. 11
Satz: Typomedia Satztechnik GmbH, 73760 Ostfildern
Druck: Druckerei Göhring, 71334 Waiblingen, Seewiesenstr. 27
Gedruckt auf chlorfrei gebleichtem Papier.

Inhalt

Zeitplan und Streckenführung	7
Einleitung	8
Das Wohnmobil	21
Willkommen in Südafrika	26
Im Blyde River Canyon	38
Der Krüger Nationalpark	48
Durch das Land der Swazi	62
Durban – die Stadt am Indischen Ozean	70
Im Tal der Tausend Hügel	78
Transkei-Transit	85
Port Elizabeth und der Addo Elephant National Park	92
Im Tsitsikamma National Park	101
Eindrücke von der Garden Route	108
Oudtshoorn und die Straußenfarmen	115
Am Kap der Guten Hoffnung	121
In und um Kapstadt	130
Reiseinformationen	140
Wichtige Adressen	149
Register	152

Zeitplan und Streckenführung

Tag	in/nach	Über-nachten	km
1.	Flug nach **Johannesburg**		
	Übernahme des Wohnmobils		
	Gold Reef City		
	Weiterfahrt nach **Pretoria**		
	Voortrekker Monument		
	Church Square mit		
	Paul Krüger Statue		
	Melrose House		
	City Hall		
	Parlamentsgebäude	Pretoria	125
2.	Weiterfahrt nach **Middelburg**		
	Bothshabelo Mission Station	Krügerdam	190
3.	**Fahrt nach Sabie** über die N4		
	Long Tom Pass		
	Lone Creek Falls	Merry	
	MacMac Wasserfälle	Pebbles	280
4.	Weiterfahrt zum **Blyde River Canyon**		
	Pilgrim's Rest		
	Panorama Route		
	God's Window	Hoedspruit	210
5.	Zum **Krüger N.P.**	Im Park	280
6.	Inyati Game Lodge		
	Abendpirsch	Game Lodge	170
7.	*Morgenpirsch*, dann weiter nach		
	Golela durch **Swaziland**		
	oder über Nelspruit nach		
	Badplaas	Badplaas	245
8.	**St. Lucia Wetland Park**	Sugar Loaf	460
9.	über Eshowe nach		
	Durban	Durban	300
10.	**Durban**		
	City Hall		
	Indischer Markt		
	Hafen	Durban	20
11.	Durch das **Tal der 1000 Hügel**		
	mit Pietermaritzburg	Shell Beach	100
12.	Von Shell Beach nach **East London**	Beacon Bay	580
13.	Von East London nach **Port Alfred**		
	Strände, Histor. Eisenbahn	Medolino	245
14.	Zum **Addo Elephant N.P.** und weiter nach **Port Elizabeth**		
	Donkin Reserve		
	Donkin Herritage Trail 5 km	Sea Acres	230
15.	Über Cape Recife, Jeffrey's Bay und Cape St. Francis zum Tsitsikamma N.P.	Storms River	270
16.	Im **Tsitsikamma N.P.**	Storms River	0
17.	Nature's Valley, Plettenburg Bay, **Knysna**		
	Wilderness N.P.	Wilderness	180
18.	Weiter nach **Oudtshoorn**		
	Straußenfarmen		
	Tropfsteinhöhlen		
	Mossel Bay über Robinson Pass	Mossel Bay	175
19.	Nach **Stellenbosch**		
	über Swellendam		
	Häuser im kapholländischen Stil	Mountain Breeze	395
20.	Über Weingüter und Franschhoek nach Gordons Bay	Hendon Park	75
21.	**Kap der Guten Hoffnung,**		
	zurück über *Chapman Peak Drive*	Hout Bay	110
22.	**Kapstadt**		
	Rundgang durchs Zentrum, 1 km		
	Victoria & Alfred Waterfront		
	Signal Hill		30
23.	**Kapstadt**		
	Hafenrundfahrt		
	Tafelberg	Hout Bay	30
24.	Rückgabe des Wohnmobils am Flugplatz oder Campingplatz		40
	Flug nach Deutschland		
	Gesamtstrecke		**4.740**

Südafrika ist ein fernes, ein unbekanntes Land – ein unheimliches Land? Pieter Botha, Frederik de Klerk, Nelson Mandela. Soweto, die Slums, aber auch Gold und Diamanten. Elefanten, Löwen und Giraffen – der Krügerpark, die Garden Route... – all das geht uns durch den Kopf, wenn wir an Südafrika denken.

Einleitung

Ein fernes Land – ein unheimliches Land?
Wir möchten Ihnen dieses Land vorstellen, vertraut machen, ja, Sie werden es lieben lernen mit seinen Schönheiten und Besonderheiten, aber auch mit seinen Schwierigkeiten. Die modernen Städte werden Sie überraschen, die National- und Naturparks begeistern, und der Tafelberg und das Kap der Guten Hoffnung werden Sie wehmütig stimmen, weil dort unsere Reise zu Ende geht. Vom Malaria-Fieber sollen Sie nicht angesteckt werden, vom Südafrika-Fieber aber werden Sie angesteckt, die meisten Südafrika-Besucher sind „Wiederkommer"!

Südafrika ist 1.219.090 km² groß und damit 3,5mal so groß wie die Bundesrepublik Deutschland, hat aber nur gut halb so viele Einwohner (ca. 41 Mio). Während sich bei uns etwa 220 Leute auf 1 km² tummeln, sind es in Südafrika nur 33. Fast 6 Mio Menschen wohnen in den 5 größten Städten des Landes mit jeweils mehr als einer halben Million Einwohner: Johannesburg (1,6 Mio), Pretoria (823.000), Durban (809.000), Kapstadt (780.000), Port Elizabeth (650.000).

Die Republik Südafrika besteht aus neun Provinzen: Gauteng, North-West, Northern Province, Mpumalanga, KwaZulu-Natal, Free State, Western Cape, Eastern Cape und Northern Cape. Fünf dieser Provinzen werden wir im Laufe unserer Reise kennenlernen.

Die 41 Millionen Menschen unterhalten sich in 11 verschiedenen Sprachen, am gängigsten sind Afrikaans und Englisch. Die von den meisten Menschen gesprochenen Sprachen jedoch sind Zulu (ca. 22 %) und Xhosa (ca. 18 %), gefolgt von Afrikaans. Deutsch und Holländisch hingegen spricht nur jeweils weniger als 1 % der Bevölkerung. In Südafrika herrscht Religionsfreiheit, die Kirchen haben es allerdings schwerer als bei uns: Es gibt keine Kirchensteuer, d.h. die Kirchengemeinden müssen sich selbst aus Spenden und Mitgliedsbeiträgen finanzieren. Knapp 80 % der Bevölkerung sind Christen, davon nehmen die „Black Independent Churches" (ca. 4.000 unabhängige Kirchen der Schwarzen) 33 % ein. Weitere 45 % teilen sich die 5 großen christlichen Kirchen Holländisch-Reformierte, Katholiken, Anglikaner, Methodisten und Lutheraner. Außerdem leben neben unzähligen kleinen Splittergruppen in Südafrika 170.000 Juden, etwa 700.000 Hindus und 450.000 Muslime.

Geschichte
Mein erster Besuch in Südafrika war noch zur Zeit der Apartheid. Damals erzählte man mir, dass die Südspitze Afrikas früher nicht bewohnt war. Es gab keine Bäume und keine Menschen, nur Berge und sehr viel Land. Dann landeten die Holländer am Kap und

Einleitung

In traditionellen Trachten zeigen Zulu-Frauen alte Sitten und Gebräuche

besiedelten das Land. Die Schwarzen kamen vom Norden zugereist, weil sie bei den Weißen Arbeit und Brot fanden. Die tatsächliche Geschichte des Landes sieht jedoch etwas anders aus.

Die *Buschmänner* streiften schon vor 10.000 Jahren durch diese Gebiete und Bantu sprechende Stämme lebten hier vor mehr als 1.500 Jahren. Auch die ersten Portugiesen, die im 15. Jahrhundert an die Südküste Afrikas kamen, stießen bereits auf gut organisierte Stämme, die hier Landwirtschaft betrieben. Aber daran konnten sich die Apartheid-Verehrer anscheinend nicht mehr erinnern.

Als erster umsegelte der Portugiese *Bartolomëu Diaz* auf der Suche nach dem Seeweg nach Indien im Jahre 1488 das Kap der Guten Hoffnung. An der heutigen Mossel Bay sichtete er viele Kühe und Hirten und nannte diese Bucht deshalb „Angra dos Vaqueiros" – Bucht der Kühe. Er drang bis zur Mündung des Great Fish River vor, musste dann aber umkehren. *Vasco da Gama* entdeckte dann endgültig den Seeweg nach Indien, er erreichte am 20. Mai 1498 Kalkutta, nachdem er am Weihnachtstag zuvor die Südostküste Afrikas erreicht hatte, die er Natal (Weihnachten) nannte.

Für den unberührten Südzipfel Afrikas interessierten sich die Europäer aber erst, nachdem sie gute Handelsbeziehungen zum Fernen Osten aufgebaut hatten. Ihre Schiffe mussten immer das Kap umsegeln und hatten dort erst die Hälfte ihrer langen Reise in den Fernen Osten hinter sich. Die Besatzungen litten bereits hier unter Skorbut und Beriberi, da der Vorrat an Nahrungsmitteln und Frischwasser knapp wurde. Deshalb schickte die holländi-

Einleitung

sche East Indian Company den Kaufmann *Jan van Riebeeck* aus, um am Kap eine Versorgungsstation zu errichten. Er landete am 6. April 1652 mit 90 Männern, Frauen und Kindern in der Tafelbucht und gründete dort die erste weiße Siedlung als Versorgungsstützpunkt. Fünf Jahre später gaben einige dieser Siedler ihren Dienst bei der East Indian Company auf und ließen sich in diesem Gebiet als Farmer nieder. Es waren die ersten *Buren*, Menschen, die sich als Afrikaner fühlten und nicht mehr als Angehörige eines europäischen Staates.

Natürlich kam es bald zu kriegerischen Auseinandersetzungen mit der Urbevölkerung, neun *Kaffernkriege* zählte man zwischen 1779 und 1878.
1795 wurde die Kapregion von den Briten besetzt, bevor sie 1803–1806 wieder unter holländischer Herrschaft stand. 1806 übernahm die britische Kolonialverwaltung abermals die Regierung der Kap-Kolonie und erließ verschiedene bedeutende Gesetze, u.a. 1833 die Abschaffung der Sklaverei.

Sowohl mit der Aufhebung der Sklaverei als auch mit anderen Maßnahmen der britischen Kolonialverwaltung waren die Buren sehr unzufrieden. Landknappheit und einige Dürrejahre am Kap verschärften die Lage, und als sie von der Regierung keinerlei Unterstützung bekamen, machten sich zwischen 1835 und 1841 ca. 6.000 Buren in mehreren großen Trecks auf nach Norden, um sich in der Gegend von Durban und nördlich davon niederzulassen. Diesen „Voortrekkern" ist in Pretoria ein großes Denkmal gesetzt. Nach einem der Anführer der Voortrekker, Piet Retief, ist eine Stadt nördlich von Durban benannt. Nach etlichen blutigen Kämpfen entstanden die Burenstaaten Natal, Oranje Freistaat und Transvaal. In den Jahren 1880/81 und 1899–1902 kam es zu zwei erbitterten Kriegen zwischen den Buren und den Briten, und erst 1910 schlossen sich die britischen Kolonien und die Burenrepubliken zur Südafrikanischen Union zusammen.

Die Jahrzehnte zwischen 1910 und 1990 waren geprägt durch die Politik der Apartheid. Die Nationale Partei, die 1948 an die Macht kam, setzte sich über die Verfassung hinweg, trat 1961

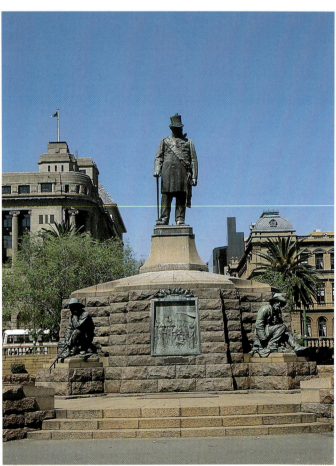

Das Paul Krüger Denkmal auf dem Church Square in Pretoria

aus dem Commonwealth aus und betrieb eine immer restriktivere Politik der Rassentrennung.

Der schwarze Widerstand organisierte sich ab den 50er Jahren im Afrikanischen Nationalkongress (ANC), der nach der Verlängerung des Ausnahmezustands 1960 in den Untergrund ging. Durch den zunehmenden internationalen Druck, vor allem durch Handels- und Rüstungssanktionen, sah sich die Regierung unter P.W. Botha Ende der 80er Jahre zu zögernden Zugeständnissen an die farbige Mehrheit Südafrikas gezwungen. Erst F.W. de Klerk setzte 1990 mit der bedingungslosen Freilassung Nelson Mandelas ein entscheidendes Zeichen.

Mandela war 1964 wegen seiner Aktivitäten im ANC zu lebenslanger Haft verurteilt worden. Aus den ersten freien Wahlen nach der Abschaffung der Apartheid im April 1994 ging der ANC als stärkste Partei hervor, und am 9. Mai 1994 wurde Nelson Mandela zum Präsidenten Südafrikas gewählt.

Paul Krüger

Mit Südafrika ist auch der Name *Paul Krüger* eng verbunden.

Einleitung

Herrlich ist der Blick vom Voortrekker Monument über die Stadt Pretoria. Im Vordergrund ein Relief vom Großen Treck

Einleitung

Paul Krüger wurde am 10. Oktober 1825 in der Kapprovinz geboren. Als Kind nahm er an dem Großen Treck teil und kam so nach Natal. 1864 wurde er Generalkommandant der Burenrepublik Transvaal und errang 1881 einen Sieg gegen die Briten. 1883 wurde er zum Präsidenten von Transvaal gewählt. Auch einen weiteren Sieg gegen die Briten konnte er 1896 verbuchen, im Burenkrieg von 1899 bis 1902 jedoch unterlag er der Übermacht der Briten. Paul Krüge verstarb am 14. Juli 1904 in der Schweiz.

Er hatte bereits 1898 das Sabie-Naturschutzgebiet gegründet, das später als „Krüger-Nationalpark" nach ihm benannt wurde. Auch der „Krüger-Rand" ist nach ihm benannt, eine Goldmünze mit 31,1 g (1 Unze) Feingehalt, die seit 1967 geprägt wird.

Gamereservate und Nationalparks

Einer der Hauptgründe für eine Reise nach Südafrika ist sicher der Besuch eines oder mehrerer Tierparks, denn nirgends auf der Welt hat man bessere Gelegenheit als hier, die Tiere in freier Natur und in ihrer natürlichen Umgebung beobachten zu können. Der Krüger Nationalpark ist der größte und sicher auch bekannteste dieser Tierparks, in den unzähligen kleineren, privaten Gameparks ist die Wahrscheinlichkeit, die wild lebenden Tiere auch bei einem relativ kurzen Aufenthalt sehen zu können, bedeutend größer. Die privaten Game Lodges sind in der Regel hervorragend eingerichtet und bieten einen luxuriösen Aufenthalt. Die wichtigsten Parks sind hier von Ost nach West aufgelistet, 16 von ihnen sind Nationalparks:

Ndumu Game Reservat	10.117 ha
Mkuzi Game Reservat	34.644 ha
Krüger Nationalpark	1.948.500 ha
St. Lucia Game Reservat	70.585 ha
Hluhluwe Game Reservat	23.067 ha
Umfolozi Game Reservat	47.753 ha
Sodwana Bay Nat. Park	413 ha
Itala Game Reservat	29.653 ha
Giant's Castle Game Res.	34.638 ha
Royal Natal National Park	8.094 ha
Golden Gate Highl. Nat. Park	11.633 ha
Addo Elephant Nat. Park	51.000 ha
Mountain Zebra Nat. Park	6.536 ha
Vaalbos National Park	22.500 ha
Tsitsikamma Nat. Park	32.500 ha
Wilderness Nat. Park (incl. Knysna Lake Area)	10.600 ha
Karoo National Park	32.792 ha
Bontebok National Park	3.236 ha
Kalahari Gemsbok Nat. Park	959.103 ha
Augrabies Falls Nat. Park	88.218 ha
Tankwa Karoo Nat. Park	27.064 ha
West Coast Nat. Park	32.494 ha
Richtersveld Nat. Park	162.445 ha

Der Eingang zum Tsitsikamma Nationalpark an der Garden Route

Einleitung

The „Big Five"

Man muss sich schon recht lange in einem Tierpark aufhalten, um alle dort lebenden Tierarten zu sehen. Der Ehrgeiz aller Besucher und auch der Ranger jedoch ist, dass man nicht nach Hause geht ohne die „Big Five", die fünf Großen der südafrikanischen Tierwelt gesehen zu haben: Löwe, Elefant, Büffel, Nashorn und Leopard.

Zebras und Giraffen gehören nicht dazu, obwohl sie größer als der Leopard sind. Von beiden gibt es aber im Krügerpark so viele, dass man sie reichlich beobachten und fotografieren kann, auch wenn man nur ganz kurze Zeit im Park verbringen kann. Sie und auch die vielen Tausend Impalas gehören offensichtlich zum „Fußvolk", das zu sehen keine große Ehre ist. Wer jedoch den *Löwen* aufspürt, wird abends im Camp als Glückspilz gefeiert. Der Löwe geht abends auf Beutefang und liegt tagsüber meist gut getarnt irgendwo in der Sonne. Wer ihn aber einmal in der Nähe erlebt hat, das Maul aufgerissen und mit tiefer Stimme zornig brüllend, der wird diesen Anblick so bald nicht vergessen.

Der *Elefant* gehört zu den „Big Five", weil er durch seine Größe und die Ruhe, die er ausstrahlt, beeindruckt. Das Herz schlägt einem schon höher, wenn sich eine kleine Herde durch das Dickicht zwängt, das starre Buschwerk und kleine Bäume niederwalzend und dann gemächlich über die Straße trottet. Der Besucher im Auto bedeutet für die Tiere im Park keine Gefahr, deshalb diese scheinbare Zutraulichkeit. Ihre langen Rüssel dienen als Brechstange, als Greifarm zur Nahrungsaufnahme und als Brause bei dem morgentlichen Bad an der Wasserstelle.

Elefanten sind einfach faszinierend. Sie sind die größten Landtiere und hinterlassen mit 4 m Höhe und 6 Tonnen Gewicht einen nachhaltigen Eindruck. Wenn sich so ein ausgewachsener Elefantenbulle durch das Dickicht schiebt, wird alles niedergewalzt, und so mancher junge Baum muss dran glauben. Seiner Blätter wird er wahrscheinlich sowieso beraubt, denn ein Elefant verspeist täglich 6–8 Zentner Grünfutter und trinkt dazu 350 Liter Wasser.

Die *Büffel* sind auch hier die gedrungenen, Furcht erregenden Gesellen, obgleich sie ganz anders aussehen als ihre amerikanischen Kollegen. Der südafrikanische Büffel hat einen schlankeren Kopf, dafür aber zwei gewaltige, gebogene und sehr spitze Hörner. In Kraft und Gewicht steht er seinem amerikanischen Kollegen aber nicht nach, seine 15 Zentner bringt auch er gut auf die Waage.

Leise, lautlos und unauffällig hingegen verhalten sich Leopard und Löwe. Den *Löwen* nennt man nicht umsonst den König der Tiere. Er ist gegenüber einem Elefanten eher unscheinbar, bewegt sich geschmeidig und leise, wenn er aber mit stolz erhobenem Haupt und prächtiger Mähne daherschreitet, lässt er jeden, auch uns Besucher, spüren: ich bin der König!

Im Gegensatz zu den Löwen sind die *Leoparden* Einzelgänger. Sie klettern gern auf Bäumen herum und verstecken dort manchmal auch die Reste ihrer Beute. Auch schwimmen sie gern, ihre Bewegungen sind ähnlich geschmeidig wie die der Löwen, jedoch fehlt auch den Männchen die Mähne, die den Löwen so attraktiv macht.

Wenn Ihnen aber so ein ausgewachsenes Tier majestätisch vor dem Wagen

Eine Blumen-Schönheit, die in Natal wild wächst, ist die Strelitzie

Beeindruckend ist die herrlich blühende Protea, die Nationalblume Südafrikas

... und natürlich der Affenbrotbaum oder Baobab, dessen Stamm bis zu 10 m Durchmesser haben kann

über die Straße schreitet, vergeht Ihnen die Lust, „kurz mal auszusteigen", auch ohne die Warnung des Rangers.

Das *Nashorn* dagegen ist ein plumper Geselle. Es braucht viel Schlaf und suhlt sich gern im Schlamm. Es gibt zwei Arten, das Spitzmaul- oder Schwarze Nashorn und das Breitmaulnashorn, das auch Weißes Rhinozeros genannt wird. Ich würde mich an diese Ungetüme nicht zu nahe heranwagen, sie verstehen nämlich keinen Spaß, und fotografieren sollte man sie deshalb lieber mit dem Teleobjektiv.

Das Nashorn ernährt sich von Pflanzen und jagt mit seinem gewaltigen spitzen Horn auf der Nase alle Bösewichte in die Flucht. Auch vor Löwen und Elefanten fürchtet es sich nicht.

Flora und Fauna

Die Pflanzenwelt Südafrikas ist so unterschiedlich wie das Klima: Sandwüsten, Grassteppen, Halbwüsten, Weideland, (meist bewässertes) Farmland und Wälder, allerdings nur 1,5% der Fläche, bestimmen das Landschaftsbild Südafrikas. Es gibt 22.600 Blütenpflanzenarten, die entsprechend den Klimazonen über das Land verteilt sind. Beeindruckend ist die herrlich blühende „Protea", die Nationalblume Südafrikas, von der es über 80 verschiedene Arten gibt. Ebenfalls häufig treffen wir die verschiedensten Arten von Orchideen, besonders schön ist die *Rote Disa*. Es gibt nicht viel Wald, beeindruckend sind aber die mächtigen *Affenbrotbäume*, die *Schirmakazien* mit ihrem weit ausladenden, schirmartigen Blätterdach und die herrlich rot blühenden *Feuerbäume*. In kargen Gegenden überrascht uns der genügsame *Köcherbaum* als wahrer Überlebenskünstler, denn er wächst dort, wo man Pflanzenwuchs eigentlich für unmöglich hält: im Wüstensand oder auf Geröllflächen.

Reichhaltig und interessant ist auch die Tierwelt Südafrikas, ist doch gerade die Tierbeobachtung bei den meisten Südafrika-Besuchern einer der Hauptgründe für die Reise überhaupt. Die „Big Five" haben wir schon vorgestellt, dazu kommen Affen und Giraffen, Zebras, Schildkröten, Krokodile und viele Antilopenarten wie Impala, Springbock, Kudu und andere. Auch Gazellen, Hyänen und Schakale trifft man an. Natürlich gibt's auch Schlangen (Python, Mamba) und Kleinreptilien wie Gecko und Chamäleon.

Von den über 850 Vogelarten sollen die seltenen Honigsauger, Webervögel, Sekretäre und der Paradieskranich erwähnt werden sowie der größte Vogel, der Strauß, den wir später auf der Straußenfarm in Oudtshoorn kennen lernen werden.

Leider gibt es in Südafrika auch die Anopheles-Mücke, sie überträgt die Erreger des Malaria-Fiebers (→ Malaria).

Haie

Wo auch immer wir baden – an der gesamten, fast 3.000 km langen südafrikanischen Küste gibt es *Haie*.

Einige Wissenschaftler bezeichnen die Haie als gar nicht so gefährlich und die Angriffe auf Menschen als Verwechslungen. Wenn ich aber von einem Hai erwischt und zerfleischt werde, ist es für mich nur ein schwacher Trost, dass der Hai eigentlich nur eine Makrele oder einen Thunfisch zum Nachtisch verspeisen wollte.

Haie sind schon gefährlich, und gerade an den stark besuchten Badestränden in und um Durban herum wird ein gro-

Schlecht getarnt im modernen Streifenlook: die Zebras

Gut versteckt dagegen und nur schwer zu finden ist der König der Tiere, der Löwe

Wie Dampfwalzen schieben sich die Kolosse der Elefanten durch das Dickicht

Einleitung

ßer Aufwand getrieben, um die Gewässer haifrei und sicher zu machen.

Von den hundert an den südafrikanischen Küsten vorkommenden Haiarten sind sicher nur einige für den Menschen gefährlich. Dazu gehört natürlich an erster Stelle der Weiße Hai, dann der Gemeine Grundhai, der Hammerhai, der Tigerhai und der Weißspitzen-Hochseehai.

Dabei leben an der Westküste die Arten, denen das kältere Wasser besser gefällt (die afrikanische Westküste wird von dem kühlen Benguela Strom beeinflusst), an der Ostküste hingegen finden wir die Arten, die sich in dem warmen Agulhas Strom wohler fühlen.

Der *Weiße Hai* wird bis zu 8 m lang und 40 Zentner schwer. Er ist sehr gefährlich, kommt aber an den Küsten Südafrikas nicht sehr häufig vor.

Der *Gemeine Grundhai* dagegen ist an der Ostküste um Durban herum ziemlich häufig. Er wird bis zu 4 m lang und hat schon so manchen Badegast attackiert.

Auch der *Hammerhai* mit seinem hammerförmigen Kopf gilt als recht gefährlich für den Menschen. Der *Tigerhai* wird bis zu 6 m lang, frisst alles, was ihm vor die Nase kommt, und auch er gilt als sehr gefährlich. Der *Weißspitzen-Hochseehai* hingegen fühlt sich im flachen Wasser der Badestrände nicht sehr wohl. Er ist zwar auch gefährlich, jedoch nicht für die Badegäste. Vor ihm müssen sich Schiffbrüchige auf hoher See oder Tiefseetaucher fürchten.

Alle Haiarten zusammen haben in früheren Jahren großen Schaden angerichtet, denn ein tödlicher Haiangriff im Jahr war eben einer zu viel. Deshalb werden seit Mitte der fünfziger Jahre die viel besuchten Strände in Natal mit Netzen gesichert. Damit sind die Strände jetzt sicher, denn die Netze werden vom „Natal Sharks Board" ständig kontrolliert und gewartet. In den Netzen verfangen sich aber außer den Haien auch viele andere Fische wie Wale, Delphine oder Thunfische. Alle, nicht nur die Haie, sterben einen qualvollen Tod in den Netzen, deshalb hat man nach Alternativen gesucht und wahrscheinlich eine wirkungsvolle Methode gefunden, indem man die Netze durch elektrische Felder ersetzt: Die Tiere werden durch Unterwasser-Wirbelstromfelder ganz einfach verjagt.

Übrigens: Der Weiße Hai, der Killer-Hai, steht unter Naturschutz, da er vom Aussterben bedroht ist!

Klima und Reisezeit

Das warme und ausgeglichene Klima Südafrikas ist der Grund dafür, dass die Tiere hier das ganze Jahr über genug Nahrung finden.

Klimamäßig kann man Südafrika in 4 Zonen einteilen: die *Ostküste* ist ständig feucht. Hier regnet es bis zu 120 mm in den Monaten November bis Februar, die Temperatur schwankt zwischen 12 und knapp 30 Grad.

Das *sommerfeuchte östliche Binnenhochland,* das bis zu einer nord-südlichen Linie etwa bei Kimberley reicht, ist im Sommer feucht, ebenfalls mit Niederschlägen um 120 mm pro Monat, in den Wintermonaten Juni, Juli und August hingegen regnet es in der Regel nicht. Dafür wird es hier im Winter kälter mit Temperaturen nur wenig über 0 Grad.

Eine Linie von Oudtshoorn bis etwa zur Grenze von Namibia an der Küste markiert den Bereich des *winterfeuchten Kaplandes*. Hier ist es umgekehrt: es regnet im Winter und ist im Sommer trocken, die Temperatur schwankt zwischen 5 und 28 Grad.

Das keilförmige Gebiet zwischen diesen beiden Feuchtezonen, also von Oudtshoorn bis hoch zur Grenze von Namibia und Botswana ist der *ständig trockene Nordwesten* mit Wüsten- und Halbwüstenklima. Die Sonne scheint hier durchschnittlich 10,6 Stunden am Tag, und es regnet nur ein Viertel so viel wie in Kapstadt.

Wenn wir uns nach den Sonnen- und Regendaten die beste Zeit für unsere Reise entlang der Küste von Johannesburg nach Kapstadt heraussuchen wollen, so kommen wir zu folgendem Ergebnis:

Im Winter (Juni bis August) ist es in Kapstadt regnerisch und kühl, in den Drakensbergen sehr kalt und an der Gardenroute wechselhaft.

Der Herbst (März bis Mai) ist nicht schlecht, in Kapstadt, an der Gardenroute und in den Drakensbergen jedoch wechselhaft.

Der Sommer ist für eine Reise gut geeignet (Dezember bis Februar), in Durban und Umgebung ist es jedoch schwül, und im Krügerpark ist die Vegetation sehr dicht, so dass sich die Tiere gut vor uns verstecken können.

Ideal ist der Frühling (September bis November), wenn es überall blüht und sprießt, es ist warm, aber nicht zu heiss, und es regnet auf der ganzen Strecke nur wenig.

Das Wasser ist jedoch noch recht kalt, wer Badeurlaub machen möchte, sollte doch lieber im Sommer (bei uns Winter) fahren.

Alle Angaben sind statistische Mittelwerte und deshalb ohne Gewähr!

Gold und Diamanten

Gold ist für Südafrika ein wichtiges Wirtschaftsprodukt neben Diamanten, die hier ebenfalls in großen Mengen gefördert werden.

Die ersten Diamanten wurden 1867 gefunden, der „Goldrausch" begann 1886, als 50 km von Pretoria entfernt die größten Goldvorkommen der Erde entdeckt wurden. Natürlich kamen sogleich die vom Goldrausch besessenen Goldgräber, über 160.000, und aus einer der Goldgräbersiedlungen entstand Johannesburg. Oben vom Carlton-Hochhaus schauen wir heute herab auf die Fördertürme und Abraumhalden der Goldbergwerke, in denen über eine halbe Million Arbeiter, meist Schwarze aus Soweto, tagaus tagein das edle Metall ans Tageslicht befördern, 600 Tonnen jährlich, das ist mehr als in den USA (290 Tonnen) und Australien (255 Tonnen) zusammen.

Die Stollen gehören zu den tiefsten der Welt, die ERPM-Mine am Witwatersrand ist über fünf Kilometer tief und damit absolut die tiefste der Welt. Von diesen Schächten wird ein Netz von waagerechten Stollen gegraben, so dass die Umgebung von Johannesburg von einem zehn Kilometer langen Netz untertunnelt ist.

Natürlich findet man hier keine „Nuggets", kein reines Gold. Das edle Metall wird aus dem goldhaltigen Erz gewonnen, wobei man im Schnitt zehn Gramm Gold aus einer Tonne Erz erhält. Eine Mine, die z.B. 40 Tonnen Gold im Jahr produziert, fördert dazu etwa 4 Mio Tonnen Erz, kein Wunder also, dass die Umgebung von Johannesburg mit den Abraumhalden übersät ist.

Eine Feinunze Gold (31,1 Gramm) kostet z.Zt. 360 $. Den Wert der südafri-

Einleitung

kanischen Goldproduktion können Sie sich einmal in einer stillen Stunde ausrechnen!

Diamanten wurden hauptsächlich in Kimberley gefunden, der „Diamantenstadt der Welt". Den ersten Diamanten fand man jedoch 1866 in der Nähe von Hopetown. Ein 15-jähriger Bure war es, Erasmus Jacobs, der im Oranje-Fluss einen hübschen Kieselstein fand. Dieser „Kiesel" war ein 21-karätiger Diamant, der heute als „Eureka-Diamant" im Parlamentsgebäude in Kapstadt aufbewahrt wird. (1 Karat = 0,2 Gramm). Einige Zeit später fand man einen noch größeren Diamanten. Er hatte 83,5 Karat, wurde zum „Stern von Südafrika" geschliffen und ist einer der berühmtesten Diamanten der Welt. Ein regelrechtes Diamantenfieber aber brach aus, nachdem man 1869 bei Kimberley vulkanische Diamantadern entdeckt hatte. Schatzsucher aus aller Welt eilten herbei, und bald waren es 30.000, die Seite an Seite nach Diamanten buddelten, bis sie ein 800 Meter tiefes Loch gegraben hatten, das heute als „Big Hole" eine der touristischen Attraktionen Südafrikas ist. Immerhin holten sie aber 14,5 Millionen Karat (drei Tonnen) Diamanten aus dem Loch.

Heute steht Südafrikas Diamantenproduktion an fünfter Stelle in der Welt, der Untertageabbau befindet sich in Kimberley, bei Pretoria und Postmasburg. Ein großer Konkurrent ist übrigens Russland. Dort werden jährlich Diamanten im Wert von 1,5 Milliarden Dollar gefördert.

Südafrikas Wirtschaft

Bei meinem ersten Besuch, zur Zeit der Apartheid, erschien mir Südafrika als ein reiches Land: Luxusvillen an

Wie die Hütten der Eingeborenen schauen sie aus, die „Drei Rondavels" im Blyde River Canyon

weiten Stränden, weiß gestrichene Häuser von der Jahrhundertwende, herrliche Weingüter und prunkvolle Wolkenkratzer in Johannesburg und Kapstadt, prall gefüllte Supermärkte, Luxushotels und saubere Straßen – ein modernes und sehr reiches Land – für die Minderheit der weißen Bevölkerung!

In der Tat zählt Südafrika zu den Staaten mit den meisten Bodenschätzen: Gold, Diamanten, Platin, Chrom, Vanadium und Steinkohle, alles außer Erdöl und Bauxit (Aluminium). Auch bezüglich der landwirtschaftlichen Produkte und der Energieversorgung ist das Land autark.

Trotzdem leben etwa 45% der Bevölkerung Südafrikas in Armut, wobei es sich dabei fast ausschließlich um schwarze Südafrikaner handelt. Außerdem ist die wirtschaftliche Lage gekennzeichnet durch Massenarbeitslosigkeit, ein niedriges Bildungsniveau und geringe Produktivität, wobei auch hier die weißen Bevölkerungsteile weit weniger betroffen sind als die schwarzen. Das Land erholt sich nur langsam von den Folgen der Apartheid.

Das Problem spürt der Tourist jeden Tag, wenn er nicht gerade die Augen verschließt, wenn er durch die Homelands oder die Townships fährt: die Kluft zwischen Arm und Reich ist hier besonders groß. Präsident Mandela hat 1994 die schwierige Aufgabe übernommen, sein schönes und reiches Land schön und reich für alle Bürger zu machen.

Steaks und Kapweine

Man kann sich streiten, ob die Amerikaner oder die Südafrikaner die Weltmeister im *Grillen* sind. Jedenfalls grillen die Südafrikaner zu jedem Anlass, zu Hause, in Restaurants, auf dem Picknickplatz oder vor ihrem Wohnmobil. Häufigstes Grillgut sind dabei frische Fische und Steaks, die man in jedem Supermarkt preiswert und in hervorragender Qualität bekommt. Überhaupt ist das Einkaufen sehr einfach, im Supermarkt bekommt man alles und kann mit Kreditkarte bezahlen.

Hervorragend sind auch die südafrikanischen Weine. Die Anbaugebiete nördlich von Kapstadt liegen klimatisch günstig und liefern einen sehr guten Cabernet Sauvignon, Sauvignon Blanc und Chardonnay sowie große Mengen Chenin Blanc.

Kosten Sie ihn, und runden Sie einen erlebnisreichen Tag mit einem guten Wein ab.

Weit schweift der Blick ins Tal des Blyde River

Das Wohnmobil

Südafrika ist eines der Traumländer für Reisen im Wohnmobil, die Campingplätze sind sehr gepflegt und haben alle Einrichtungen, die man heute von einem modernen Campingplatz erwartet.

Es gibt dort über 700 Caravanparks, die preiswert und doch meist sehr gut eingerichtet sind. Die meisten von ihnen haben auch Chalets, Rondavels und Zimmer zum Übernachten, so dass auch Pkw-Fahrer, die nicht im Wohnmobil reisen, auf diesen Plätzen übernachten können.

Die Einrichtungen eines normalen Campingplatzes umfassen saubere sanitäre Anlagen, Waschmaschinen und Trockner, Kinderspielplatz, Lebensmittelladen sowie abgetrennte Stellplätze für jedes Fahrzeug mit Anschlüssen für Strom und Wasser sowie Entsorgungsstellen für die Wohnmobil-Toiletten.

Nicht alle Wohnmobile, die man in Südafrika mieten kann, haben Abwassertanks für Spülwasser aus dem Abwaschbecken und der Dusche, auch keinen zentralen Abfluss, unter den man einen Eimer stellen kann: diese Abwässer fließen unter dem Wohnmobil munter auf die Straße oder versickern im Boden des Campingplatzes.

Die Preise richten sich natürlich nach der Ausstattung des Platzes und auch nach dessen Lage. Sie liegen bei 20 bis 50 Rand pauschal für das Wohnmobil mit zwei Erwachsenen incl. Strom. Auch Heißwasserduschen sind immer im Preis enthalten.

Freies Campieren wäre billiger, ist aber in Südafrika nicht erlaubt.

Die Plätze sind in der Regel von 7 bis zum Eintritt der Dunkelheit geöffnet.

Ein „Camping Guide", also ein Verzeichnis der Campingplätze, erhalten Sie mit der Übernahme des Wohnmobils. Zur Vorab-Information können Sie sich auch eine solche Liste, die allerdings nur Auszüge enthält, von SATOUR schicken lassen. Für die von uns vorgeschlagene Tour durch Südafrika finden Sie Campingplatz-Empfehlungen jeweils am Ende des entsprechenden Kapitels.

Für Reisende im normalen Pkw sind dort auch jeweils 1 oder 2 Hotels angegeben.

Welches Wohnmobil für welchen Urlaub?

Größe und Komfort des Wohnmobils richten sich natürlich nach der Größe der Reisegesellschaft und des Geldbeutels. Es gibt verschiedene Arten von Wohnmobilen, die ich hier kurz beschreiben möchte.

Die Wohnmobile teilt man in fünf Kategorien ein: Freizeitmobile, Kastenwagen, Alkoven-Fahrzeuge, Teilintegrierte und Integrierte Wohnmobile.

Freizeitmobile sind Vielzweckautos für das ganze Jahr, die man getrost auch für die Fahrt ins Büro oder zum Supermarkt benutzen kann.

Kastenwagen sind meist umgebaute Transporter mit Hochdach oder Aufstelldach. Sie sind ebenfalls kompakt und für den innerstädtischen Verkehr sehr gut geeignet, sind aber vom Innenausbau schon den Wohnmobilen nahe, so dass sie auch für größere Urlaubsreisen sehr geeignet sind. Eine komplett eingerichtete Küche mit Gas-

Das Wohnmobil

herd, Spüle und Kühlschrank gehören hier zur Einrichtung genauso wie zumindest ein Bett im Hochdach. Der Rest der Reisegruppe schläft auf der umgebauten Sitzgruppe.

Das klassische Wohnmobil ist das *Alkovenmobil*.
Hier schläft man im Alkoven über dem Fahrerhaus und erspart sich das abendliche Umbauen der Sitzgruppe. Bei mehr als zwei Personen muss man allerdings auch hier umbauen, es sei denn, man hat eines der größeren Modelle mit einem festen Bett im Heck. Unser KNYSNA Explorer ist ein klassisches Beispiel für diese Wohnmobile.
Integrierte Wohnmobile haben keinen Alkoven, hier ist die Schlafstätte in das Grundfahrzeug integriert, meist in Form eines Hubbettes über den Fahrersitzen. Es gibt sie von 5 bis 9 Meter und als USA-Import bis 12 Meter Länge. Dies sind rollende Einfamilienhäuser mit fester, kompletter Küche, eigenem Bad und eigener Toilette.
Dann gibt es noch die *Teilintegrierten*, diese sehen aus wie Alkovenmobile mit abgeschnittenem Aufbau. Was aussieht wie ein flacher Alkoven ist kein solcher, hier gibt es nur für den Fahrer etwas mehr Freiheit über dem Kopf oder auch ein Hubbett.
Für eine drei- oder vierköpfige Familie können wir eigentlich nur ein Alkoven- oder Integriertes Wohnmobil empfehlen.
Für unsere Fahrten durch Südafrika hatten wir ein Alkoven-Wohnmobil von KNYSNA Camper Hire.
Die Servolenkung und der kleine Wendekreis machen dieses Wohnmobil

Die Summerhill Farm in Bathurst und eine riesige künstliche Ananas

Das Wohnmobil ist gemütlich eingerichtet. Blick auf Küche, Schlafzimmer, Dusche und Essecke

Die Campingplätze laden zum Verweilen ein

sehr wendig, der 2 Liter Benziner von Mitsubishi packte alle Bergstraßen und Pässe ohne Mühe, und der Verbrauch von 15 l/100 km hält sich für so ein Fahrzeug durchaus im Rahmen. Der Motor ist elastisch, die Fünfgangschaltung präzise, und die ganze Einrichtung des Wagens sehr angenehm. Sogar die Tür des Kühlschranks lässt sich richtig verriegeln, so dass sie bei Kurvenfahrten oder plötzlichem Bremsen nicht aufspringt. Es ist nämlich sehr lästig, wenn man nach einer scharfen Kurve plötzlich von Ketchup, Käse und zerschlagenen Eiern umschwärmt wird und anschließend eine Reinigungspause einlegen muss.

Unser KNYSNA Explorer E hatte folgende Einrichtungen: Gesamtlänge 5 Meter, Schlafgelegenheit für 2 × 2 Personen (2 im Alkoven und 2 auf der umgebauten Sitzgruppe), fließend Warm- und Kaltwasser, Dusche mit Cassetten-Toilette, Gasherd, Mikrowelle, Kühlschrank und Radio.
Dieser Wagen bietet Platz für vier Personen. Zwei schlafen im Alkoven und zwei auf der umgebauten Sitzgruppe.

Sehr bequem ist der Wagen, wenn man nur zu dritt oder, wie wir, zu zweit reist.
WC, Handwaschbecken und Dusche sind zu einer Nasszelle kombiniert, kleinere Menschen haben darin schön Platz, für große ist es etwas eng, es geht aber auch. Ich selbst habe es allerdings vorgezogen, die Sanitäranlagen der Campingplätze zu benutzen, diese sind auf den von uns empfohlenen Plätzen immer gut bis sehr gut.

Selbst wenn Sie glücklicher Besitzer eines eigenen Wohnmobils sind, werden Sie für diese Reise in Südafrika ein Wohnmobil mieten. Das geht über jedes Reisebüro, wir haben jedoch gute Erfahrung mit dem Direktanmieten über KNYSNA Camper Hire gemacht, die Adresse finden Sie im Anhang.
Auf Anfrage erhalten Sie prompt ein Angebot über ein Wohnmobil für die von Ihnen verlangte Zeit. Wenn Sie mit dem Wagen und dem Preis einverstanden sind, geben Sie die Nummer Ihrer VISA- oder Master Card an, und es werden Ihnen 1.500 Rand Deposit abgebucht. Diese werden bei ordnungs-

Das Wohnmobil

gemäßer Rückgabe des Wagens ohne Beschädigungen erstattet. Sie geben ebenfalls Ihre Flugdaten an, da Sie vom Flugplatz abgeholt und zur Mietstation in der Stadt gefahren werden. Das kostet außer in Knysna 100 R. Mietstationen gibt es in Johannesburg, Durban, Knysna und Kapstadt, dort in Gordons Bay. Zur Übernahme des Wagens benötigen Sie dann nur die (Fax) Bestätigung von KNYSNA, Ihren Reisepass und eine gültige deutsche Fahrerlaubnis.

Bei der Übergabe des Wagens wird man Ihnen die Bedienung genau erklären, denn es gibt doch einige Funktionen, die wir von einem normalen Pkw her nicht kennen.

Auf folgende Punkte sollte man bei der Übernahme des Wagens unbedingt achten:

- Haben die Reifen genügend Profil, ist ein Reserverad vorhanden, funktioniert der Wagenheber?
- Ist eine Bedienungsanleitung für das Fahrzeug vorhanden?
- Stromkabel und Wasserschlauch, beides mit heilen Anschlüssen?
- Funktionieren Wasserpumpe und ggf. Klimaanlage?
- Wie wird die Warmwasserbereitung eingeschaltet?
- Wie wird der Kühlschrank von Strom- auf Gasbetrieb umgeschaltet, funktioniert der Gasbetrieb?
- Wie erfolgt die Umschaltung auf die Reserveflasche, ist der Wagen mit Duomatic-Gasversorgung ausgestattet, sind beide Gasflaschen voll?
- Wie funktioniert das Thetford-Cassetten-WC?
- Funktionieren alle Blinker und Lichter?
- Halten die Türverschlüsse von Kühlschrank und Kleiderschrank? (Das ist wichtig bei Kurvenfahrten!)

Man wird den Wagen mit Ihnen zusammen von außen besichtigen und alle Schäden in ein Protokoll eintragen. Achten Sie gut darauf, dass alle Kratzer und Beulen sowie alle Steinschlagbeschädigungen der Windschutzscheibe, auch kleine Stellen, ins Protokoll aufgenommen werden.

Die Mietbedingungen sehen so aus:
Mietpreise
Der Mietpreis schließt folgende Leistungen ein:
Vollkaskoschutz, Insassen-Unfallschutz, Haftpflichtversicherung gegenüber Dritten, Wartungsdienst und Verschleißreparaturen sowie die komplette Campingausrüstung (→ Campingausrüstung).
Die Kosten für Kraftstoff und Öl gehen immer zu Lasten des Mieters.
Die Mietpreise gelten immer ab Mietstation bis zur Rücknahme durch die Station um 12:00 Uhr des letzten Miettages.
Tagespreise werden je angefangene 24 Stunden berechnet.

Führerschein
Das Mindestalter für Fahrer dieser Wohnmobile ist 23 Jahre, Höchstalter 75! Ein gültiger Führerschein Klasse III ist Voraussetzung.

Kreditkarten
VISA und Master Card

Mindestmietdauer
Die Mindestmietdauer beträgt 7 Tage. In der Hochsaison (Dezember und Januar sowie in den Osterferien) 2 Wochen Minimum.

Reservierung und Anzahlung
Sie sollten Ihre Reservierung so früh wie möglich vornehmen. Bei der Buchung wird eine Anzahlung von 1.500 Rand erhoben, der Restbetrag ist bei Mietbeginn fällig.
Bei Rücktritt vom Vertrag gibt es nicht alles Geld zurück, wir empfehlen den Abschluss einer Reiserücktrittsversicherung. Die Rücktrittskosten sind: 200 R bei Rücktritt 60–30 Tage vor Mietbeginn, 500 R bei 30–7 Tagen und 1.000 R bei weniger als 7 Tagen oder wenn man gar nicht erscheint.

Versicherungen
Verschuldete Unfallschäden sind bei vertragsgerechter Nutzung in der Regel über die Vollkaskoversicherung abgedeckt. Bei vorsätzlicher und grob fahrlässiger Verursachung des Schadens, insbesondere bei alkoholbedingter Fahruntüchtigkeit, entfällt die Haftungsbeschränkung.
Insassen-Unfallversicherung und Haftpflichtversicherung gegenüber Dritten sind normalerweise ebenfalls im Mietpreis enthalten, so dass man sich hier keine Sorgen machen muss. Die genauen Bedingungen für die Versicherungen sollte man aber unbedingt vor dem Anmieten erfragen.

Kaution
Eine Kaution von 1.500 R wird bei ordnungsgemäßer Rückgabe des Wagens zurückgezahlt.

Campingausrüstung
Eine komplette Küchenausrüstung mit Geschirr, Besteck und anderen Arbeitsgeräten für die Zahl der gebuchten Reiseteilnehmer ist im Mietpreis enthalten, ebenso Schlafsäcke, Kopfkissen und Bettzeug.

Kosten
Der Explorer z. B. kostet für 3 Wochen mit 4.000 Freikilometern 11.000 Rand, der Extratag 510 R und jeder zusätzlich gefahrene Kilometer 1,10 R. Mietet man den Wagen mit unbegrenzter Kilometerleistung, so erhöhen sich die Kosten für 3 Wochen auf 12.400 R und 580 R für jeden zusätzlichen Tag.

Einwegmiete
Je nach Entfernung 110 bis 2.800 R. Johannesburg–Kapstadt z. B. 1.900 R.

Mehrwertsteuer
Alle Preise inkl. 14% VAT=Mehrwertsteuer.
Öffnungszeiten der Stationen:
9:00 bis 16:00 Uhr an Werktagen und 9:00 bis 12:00 Uhr samstags. Sonntags und an Feiertagen sind die Mietstationen geschlossen.
Rückgabe grundsätzlich bis 12:00 Uhr am letzten Miettag.

Campingstühle
Sind im Mietpreis enthalten.

Fahrverbote
In folgende angrenzende Länder dürfen Sie mit dem Miet-Wohnmobil nicht fahren:
Botswana, Angola, Malawi, Zambia und Mozambique.
In die folgenden Länder können Sie gegen eine Extra-Mietgebühr fahren:
Zimbabwe, Namibia und den Kalahari Gemsbok Park.
Natürlich gibt es außer Knysna Camper Hire noch andere Wohnmobilverleiher in Südafrika. Zuverlässig und bequem können Sie ihr Wohnmobil von Deutschland, Österreich oder der Schweiz aus in jedem Reisebüro reservieren lassen oder über den ADAC.

Das Wohnmobil

Willkommen in Südafrika

Ich habe die Runde sicher schon zum fünften Mal gedreht. Vorbei an den „Schilderträgern", die ihre Gäste in der International Arrival Hall des Flugplatzes abholen. Sie tragen Schilder mit dem Namen ihres Hotels, eines Kongresses oder ganz einfach mit dem Namen des Fluggastes, den sie abholen wollen. „Knysna Camper Hire" sollte auf dem Schild stehen, das eine etwas korpulente Black Lady namens Mary tragen sollte. Eigentlich nicht zu übersehen, aber Mary war nicht da. Dabei hatte der letzte Passagier unserer Swissair-Maschine die Halle längst verlassen, und die nachfolgenden Flieger entließen bereits ihre Fluggäste in die Arrival Hall.
Nach dem langen Flug von Zürich nach Johannesburg, es sind immerhin 8.412 km, ist man etwas ungeduldig und möchte schnell weiter.

Ich sollte die Wohnmobil-Vermietstation anrufen, sonst müssen wir vielleicht noch ewig warten. Die Telefonnummer haben wir mit der Mietbestätigung bekommen, aber das erste Telefonat im fremden Land ist immer eine kleine Aufregung. Es klappt (warum auch nicht), aber es meldet sich der Anrufbeantworter. Ich hasse diese Dinger, außerdem kann mir die Maschine jetzt auch nicht helfen. Was tun? – Nichts, denn draußen steht sie plötzlich vor uns, unsere Black Lady, strahlend, freundlich und sehr hilfsbereit. Der Verkehr ist in Johannesburg problematisch wie in jeder anderen Großstadt auf der Welt, da müssen kleine Verspätungen eingeplant werden.
Da die Flieger nach Johannesburg meist nachts fliegen und es während der Sommerzeit keine Zeitdifferenz zu Deutschland gibt, kommt man in der Regel morgens an. Mary bringt uns in einem Kleinbus zur Vermietstation, dort erklärt sie uns das Fahrzeug, fertigt die Papiere aus, beantwortet unsere Fragen und gibt uns noch einige nützliche Ratschläge. Sie ist unsere erste Kontaktperson in unserem Urlaubsland, und wir sind angenehm überrascht über ihre Hilfsbereitschaft und Liebenswürdigkeit. Willkommen in Südafrika!

Johannesburg
Seine Entstehung hat Johannesburg einem Australier zu verdanken: George Harrison entdeckte im Juli 1886 dort, wo sich heute die Wolkenkratzer der Weltmetropole in den Himmel erheben, die ersten Goldvorkommen des Landes. Seine Entdeckung sprach sich schnell herum, und die Schatzsucher aus aller Welt strömten herbei, um hier ihr Glück zu machen. Bald waren es 160.000, und es entstand ein riesiges Goldgräberlager. Die Goldadern waren ergiebig, und so begann man mit dem Bau von festen Häusern, Schulen und Krankenhäusern, Johannesburg war entstanden.
Über 100 Jahre später erwartet uns hier eine hochmoderne Stadt mit Wolkenkratzern und gläsernen Palästen, dichtem Autoverkehr und vielen, vielen Menschen. Über die Einwohnerzahl der Stadt gibt es unterschiedliche Angaben, die genaue Zahl kennt wahr-

scheinlich selbst der Bürgermeister nicht. Die Zahl der weißen Bevölkerung ist relativ konstant, es sind 500–600.000. Hinzu kommen ca. eine Million Schwarze. Die Bevölkerungszahl wird daher mit 1,6 Millionen angegeben. In dieser Zahl ist allerdings Soweto nicht enthalten. Die SOuth WEstern TOwnships sind ein teilautonomer Stadtteil Johannesburgs, dessen Einwohnerzahl aufgrund ständiger, nicht registrierter Zuwanderungen auf ca. 2 Millionen geschätzt wird.

In der größten Stadt des Landes haben fast alle großen Firmen der Welt ihre Niederlassungen, und fast 70% der gesamten Industrieproduktion Südafrikas liegen im Gebiet um Johannesburg. Die Stadt hat drei Universitäten, eine Technische Hochschule und ein Lehrer-College.

Touristisch hat die Stadt nicht viel zu bieten, es sei denn, man ist ein Fan von Wolkenkratzern, Glaspalästen und Straßenlärm. Sicher tue ich den Johannesburgern damit unrecht, denn wer sich auskennt in der Kulturszene, in den Einkaufsparadiesen oder Vergnügungseinrichtungen, wird auch hier sicher auf seine Kosten kommen und die Stadt sehenswert finden.

Lohnenswert für einen Besuch ist das *Carlton Centre,* das höchste Gebäude der Stadt. Es steht an der Commissioner Street. Das 50. Stockwerk liegt in 202 m Höhe, und von der Aussichtsplattform hat man einen herrlichen Blick auf die Stadt und die umliegenden Abraumhalden und Fördergerüste. In den unteren Stockwerken des Gebäudes gibt es eine riesige Shopping

Willkommen in Südafrika

In Gold Reef City ließ man auf dem Gelände der Crown Mines Johannesburgs Pionierzeit überzeugend neu entstehen

Mall, ein Einkaufszentrum, wo Sie alles kaufen können, was das Herz begehrt. Gegenüber, auf der anderen Straßenseite, gibt es ein kleineres Einkaufszentrum, die Small Street Mall. Hier gibt es afrikanische Souvenirs, Schmuck und japanische Elektronikerzeugnisse.

Etwas weiter die Market Street herunter, an der Ecke zur Rissig Street, finden wir zwei der ältesten Gebäude der Stadt: die *City Hall* und das *Rissig Street Post Office*. Das Postgebäude ist das ältere, es stammt aus dem Jahre 1897. Das alte Rathaus ist ein Neorenaissancebau von 1910.

Noch etwas weiter im Westen, an der Ecke Kerk- und Weststreet steht, ganz im Kontrast zu dem alten Postgebäude, einer der modernsten Glaspaläste der Stadt, die *Johannesburg Stock Exchange*. Die Johannesburger Börse kann montags bis freitags mit Führungen um 11 und 14:30 Uhr besichtigt werden.

Museumsfreunde sollten das *Museum Africa* an der Bree Street besuchen. Hier gibt es Nachbauten alter südafrikanischer Hütten und viel Wissenswertes und Interessantes über die Kultur der einzelnen südafrikanischen Stämme.

Wenn Sie einen längeren Aufenthalt in Johannesburg planen, so sollten Sie dies nicht mit dem Wohnmobil tun. Johannesburg ist leider nicht die sicherste Stadt Afrikas, und es gibt leider keinen Tip, wo Sie das Wohnmobil sicher abstellen können. In den Hotels der Stadt sind Sie natürlich sicher, von hier aus starten geführte Stadtrundfahrten, die sehr interessant und lehrreich sind, auch kann man tagsüber das Zentrum zu Fuß erkunden, wenn man sich nicht gerade mit Fotoapparaten oder Brillanten behängt. Abends sollten Sie aber die Straßen meiden, lassen Sie sich im Taxi (vom Hotelportier besorgt!) zu den Abendveranstaltungen bringen.

Das neue Südafrika wird mit der erschreckend hohen Kriminalitätsrate nicht fertig: Von 1.000 verübten Straftaten werden nur etwa 450 gemeldet. Davon werden 230 aufgeklärt. In 100 Fällen kommt es zur Anklage, in 77 zur Verurteilung, aber nur 3,6% der Urteile werden vollstreckt. Diebstahl und Raubüberfälle sind deshalb ein lohnendes Geschäft bei geringem Risiko. Die hohe Dunkelziffer erklärt sich dadurch, dass allein im Großraum Johannesburg die Staatsanwaltschaft 1997 mehr als 8.500 Fälle untersuchte, in die Polizisten verwickelt waren.

Gold Reef City
Von den 14 Goldbergwerken Johannesburgs sind nur noch zwei in Betrieb. Von der Aussichtsplattform des Carlton Centre sehen wir zwar eine Menge Abraumberge, von der alten Atmosphäre der Goldsucher jedoch ist in der Stadt nichts mehr zu spüren. Dazu müssen wir nach *Gold Reef City* fahren, das 6 km südlich vom Stadtkern liegt und über die M1 zu erreichen ist.

Wir erleben hier eine alte Goldgräberstadt mit den Häusern, Geschäften, Bars und dem Royal Theater der damaligen Zeit. Auch „echte" Goldgräber laufen uns über den Weg und schicke Damen in historischen Kostümen. Mit einer Dampfeisenbahn können wir das Gelände besichtigen, und das Gold Reef Hotel entspricht nur äußerlich der Jahrhundertwende, innen ist es ein sehr gemütliches und komfortables Hotel für die heutigen Besucher, die dort übernachten möchten.

Die City ist auf dem Gelände der früheren Crown Mines angelegt worden, und einen der stillgelegten Schächte kann man besuchen, um so „vor Ort" den Abbau zu beobachten und auch zuzuschauen, wie ein Goldbarren gegossen wird.

Das ganze Vergnügen hat einen Hauch von Disneyland, ist aber nicht nur für Kinder interessant.

Soweto

Zwanzig Kilometer südlich von Johannesburg gibt es einen Stadtteil, ein „Township", der fast nur von Schwarzen bewohnt wird: *Soweto*, die Abkürzung von „South Western Township". Dieser Stadtteil ist etwa 100 km^2 groß und hat 31 Teilbezirke. Hier leben zwischen 2 und 3 Millionen Menschen. Die Zusammensetzung der Bevölkerung ist vielschichtig, die größte ethnische Gruppe bilden mit über 30% die Zulus, aber auch einige Weiße haben

Willkommen in Südafrika

Johannesburg

Lage:
Auf dem Highveld (Hochplateau) im Zentrum Südafrikas am Rande des Witwatersrand in 1.752 m ü.d.M. Etwa 400 km westlich vom Krügerpark. Johannesburg ist die größte Stadt Südafrikas.

Provinz: Gauteng

Einwohner: 1,6 Millionen

Auskunft
SATOUR
Suite 4305, Carlton Center
P.O. Box 1094, Johannesburg 2000
Tel.: (0 11) 3 31 52 41, Fax: 3 94 15 08

Tourist-Information
Johannesburg Metropolitan Publicity Ass.
1st Floor
Rotunda Building
Leyds Street, Braamfontein
P.O. Box 4580
Johannesburg 2000
Tel.: (0 11) 3 37 66 50, Fax: 3 33 72 72

AA (Automobil Association)
Branch Johannesburg
AA House, 66 De Korte Str.
Braamfontein 2017
Tel.: (0 11) 4 07 10 00

Übernachten
Holiday Inn Garden Court
84 Smal Str., Johannesburg 2000
Tel.: (0 11) 3 36 70 11, Fax: 3 36 05 15
150–200 R/Raum.

Essen & Trinken
Mozart Restaurant
Civic Theatre, Simmonds Str.
Braamfontein, Johannesburg 2017
Tel.: (0 11) 4 03 34 08

Besichtigungen
* *Carlton Centre,* die Aussichtsplattform ist täglich von 9 bis 23 Uhr geöffnet.
* *Museum Africa,* geöffnet ist Mo-Sa von 9–17:30 Uhr und sonntags von 14–17:30 Uhr.
* *Gold Reef City,* geöffnet ist von 9–17 Uhr, die Restaurants und Kneipen schließen aber erst wesentlich später.
* *„Jimmy's Face to Face Tour"* – geführte Tour durch Soweto – 130 Main Street, Budget House, Johannesburg, Tel: (0 11) 3 31 61 09, 3-4 Stunden.

Willkommen in Südafrika

Hier, vor den Union Buildings, wurde Präsident Mandela 1994 in sein Amt eingeführt

sich hier angesiedelt. Mit einer Arbeitslosenquote von 50 bis 80% gibt es hier viel Elend und Armut, und die Kriminalität ist weitaus größer als anderswo.

Trotz einer Vielzahl von Elendsquartieren kann Soweto aber nicht als Slum im eigentlichen Sinne bezeichnet werden. In den Jahren 1951 bis 1974 wurden hier viele kleine Ziegelhäuschen gebaut mit zwei oder drei Zimmern und einer Küche, so dass damals die slumähnlichen Zustände fast beseitigt waren. Das Problem heute sind die vielen hier illegal lebenden Menschen, die in erbärmlichen Unterkünften hausen und so gut wie keine hygienischen Einrichtungen haben. Oft türmt sich der Müll zu Bergen auf. Es gibt aber Schulen, Kindergärten, ein Krankenhaus mit 5.000 Betten und sogar eine Universität (Vista-Universität Soweto).

In Soweto wohnen in so genannten *Männerwohnheimen* außerdem etwa 18.000 Arbeiter, von ihren Familien getrennt, auf engstem Raum zusammengepfercht. In Minibussen werden sie tagtäglich zu ihren Arbeitsstätten, meist in den umliegenden Minen, gebracht.

Weiße sollten Soweto nur im Rahmen einer geführten Tour betreten. Solche Touren macht Jimmy, ein Schwarzer aus Soweto, der eine der wenigen Luxusvillen dieses Stadtteils besitzt.

Blick von den Union Buildings über die Terrassengärten auf Pretoria, im Hintergrund das Voortrekker Monument

Pretoria

Wir verlassen Johannesburg auf der N1 Richtung Pretoria und erreichen die Stadt nach 58 Kilometern.

Pretoria ist die Verwaltungshauptstadt Südafrikas, hier ist der Sitz der Regierung, diese Funktion teilt sich Pretoria allerdings in halbjährigem Rhythmus mit Kapstadt. Pretoria ist viel kleiner als Johannesburg, nicht so gefährlich und viel schöner. Es gibt gepflegte Parkanlagen, nette Restaurants und schöne Wohngegenden. Deshalb wird sie mitunter auch als „Gartenstadt" bezeichnet. Pretoria hat außerdem zwei Universitäten, seit 1930 die „Universität von Pretoria" sowie die 1951 gegründete „Universität von Südafrika – UNISA". Diese ist in einem markanten, weithin sichtbaren Neubau untergebracht. Sie ist mit über 100.000 Studenten eine der größten Fernuniversitäten der Welt.

Das Stadtzentrum ist schachbrettartig angelegt, daher fällt die Orientierung nicht schwer, die Entfernungen sind jedoch recht groß, so dass man zu den einzelnen touristisch interessanten Stellen schon mit dem Auto oder Taxi fahren muss. Sehenswert sind die Parlamentsgebäude im Nordosten des Stadtkerns, der Church Square genau im Zentrum, das Melrose Haus am Burgers Park im Süden des Stadtkerns und das Voortrekker Monument 6 km südlich vom Zentrum.

Willkommen in Südafrika

In Johannesburg folgen wir den Wegweisern nach Pretoria über die Autobahn N1. In der Höhe von Irene/Verwoerdburg biegt die N1 links ab nach Pretoria East. Hier verlassen wir die N1 und fahren geradeaus weiter bis zur Abfahrt „Pretoria East & Monument". Bald sehen wir dann vor uns das gewaltige Bauwerk des Voortrekker Monuments, wir folgen den Wegweisern, und oben am Monument gibt es Parkmöglichkeiten, auch für Wohnmobile.

Voortrekker Monument
Das Monument wurde 1949 zum hundertjährigen Gedenken an die Buren errichtet, die 1838 als Einwanderer (Voortrekker) vom Kap in das damals unbekannte Land am Highveld gekommen waren. Der gewaltige rote Granitbau ruht auf einem Sockel von 40 × 40 Metern und ragt 61 m empor, weithin sichtbar und gewissermaßen ein Teil der Skyline von Pretoria. Der Innenraum wird fast vollständig von der Heldenhalle eingenommen. Auf 27 Marmortafeln ist hier der Große Treck von 1838 dargestellt. Unter der Heldenhalle gibt es einen Saal mit einem polierten Granitstein, dem „Opferaltar", auf dem die Inschrift zu lesen ist „Ons vir jou, Suid-Afrika – Wir für Dich, Südafrika". Das Monument wird von einer Mauer umgeben, die aus steinernen Planwagen besteht. Angeschlossen ist ein Museum über die südafrikanische Geschichte.

Nach der Besichtigung des Monuments wird es Zeit für die erste Übernachtung in Südafrika. Ganz in der Nähe gibt es einen schönen Caravan-Park im Fountains Valley. Wir fahren vom Monument zurück bis zur Pforte, dann links auf die große Straße, diese führt uns schnurgeradeaus direkt zum Eingang des Caravan Parks.

Am nächsten Morgen halten wir uns am Caravanpark-Ausgang rechts und fahren auf der R 101 ins Stadtzentrum, und zwar bis zur Kreuzung der 101 mit der N 4 oder Struben Street. Diese führt in der Verlängerung direkt zu den Parlamentsgebäuden.

Union Buildings
Auf einer Anhöhe (Meintjieskop-Höhe) steht ein imposanter gelber Sandsteinbau, von Sir Herbert Baker

Beim Voortrekker Monument erfährt man alles über den Großen Treck

entworfen und 1913 erbaut: das Parlamentsgebäude (Union Buildings). Dies ist der Sitz der südafrikanischen Regierung, zumindest in der zweiten Jahreshälfte, wenn sie nicht in Kapstadt tagt. Außer dem Lesesaal des Staatsarchivs sind diese Gebäude nicht zu besichtigen, von der Terrasse hat man aber einen wunderschönen Panoramablick auf die Stadt, und ganz im Hintergrund sieht man den gewaltigen Koloss des Voortrekker Monuments. In den sehr schön angelegten Terrassenanlagen finden wir das Denkmal für die im Ersten Weltkrieg gefallenen südafrikanischen Soldaten sowie Statuen der ehemaligen Premierminister Louis Botha, Smuts und Hertzog.

Von den Parlamentsgebäuden zurück stoßen wir direkt auf die Church Street oder R 104, dieser folgen wir direkt zum *Church Square*. In der Mitte dieses Platzes steht ein Denkmal für Paul Krüger, umgeben ist er vom Old Raadsaal, das war früher der Sitz der Regierung, und vom Justizpalast. Wir fahren dann die Paul-Krüger-Straße herunter und sehen zunächst an der linken Straßenseite das South African Museum of Science and Technology und dann das Transvaal Museum of Natural History. Gegenüber steht in einem kleinen Park die *City Hall*, das Rathaus, mit einem gewaltigen Glockenturm mit 32 Glocken. Zwei Querstraßen weiter biegen wir links ab in die Jacob Mare Straße und kommen links an den Burgers Park. Gegenüber vom Park steht das *Melrose House*, ein gut erhaltenes Beispiel der Viktorianischen Architektur. In dem 1866 erbauten Haus wurde 1902 der Friedensvertrag zur Beendigung des Zweiten Burenkrieges unterzeichnet.

Das Melrose House zählt zu den schönsten historischen Gebäuden in Pretoria und kann besichtigt werden. Gegenüber vom Melrose House gibt es im Park ein sehr hübsches Café, das „Café Wien". Auf der Speisekarte stehen „Schwarzwälder Kirschtorte, Schorle Morle, Bratwurst mit Sauerkraut, Strammer Max" und natürlich „Wiener Schnitzel".

Mit der kleinen Pause im Café Wien können wir den Besuch von Pretoria beenden, wir fahren hinter dem Park links herum die Van-der-Walt-Straße herauf bis zur Schoeman-Straße, diese geht später über in die N 4 in Richtung Middelburg.

Parken können wir übrigens in Pretoria immer in der Nähe der hier beschriebenen Sehenswürdigkeiten.

Middelburg
Middelburg ist eine Stadt mit 100.000 Einwohnern auf halbem Wege zwischen Pretoria und Lydenburg, wegen der man nicht unbedingt nach Südafrika fährt. Nördlich der Stadt gibt es jedoch ein Ndebele-Dorf, das einen

Willkommen in Südafrika

Der alte Ratssaal am Church Square

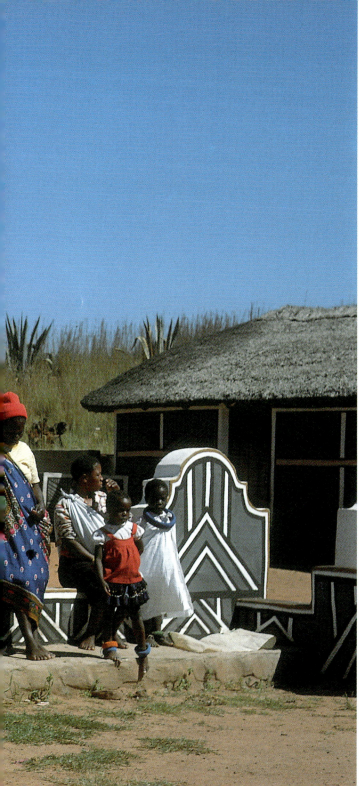

Besuch wert ist, zumal wir in dieser Gegend sowieso unser Nachtlager aufschlagen sollten.

Wir verlassen Middelburg auf der R 35 nach Norden und treffen nach 8 km auf ein Schild „Bothsabelo", weiter nichts. Hier müssen wir links auf die schlechte Schotterstraße einbiegen und an einer Pforte das Eintrittsgeld von 8,50 Rand pro Person entrichten. Nach weiteren 5 km auf sehr schlechter Piste kommen wir zur „Botshabelo Mission Station" und zum Ndebele-Dorf. Im Jahre 1865 wurde hier im Auftrag einer Berliner Missionsgesellschaft die *Botshabelo Mission Station* gegründet sowie ein Fort zum Schutze der Mission. Zusammen mit dem benachbarten Ndebele-Dorf bilden sie ein Freilichtmuseum. Die Ndebele-Frauen bemalen ihre Häuser wunderschön und es lohnt sich, dieses Dorf zu besuchen.

Hier starten auch mehrere Wanderwege, für den „Botshabelo Trail" benötigt man 3 Stunden. Da das Freilichtmuseum in dem kleinen Botshabelo Game Reserve liegt, begegnet man auf der Wanderung sicher Antilopen, Gazellen und Pavianen.

Nach dem Besuch des Museums fahren wir zunächst nach Middelburg zurück, im Ort folgen wir dem Wegweiser „Krugerdam" und finden so ohne Mühe den Campingplatz am Krüger See.

Sun City
Wenn Sie Kinder haben, denen etwas Besonderes geboten werden soll, wenn Sie vielleicht eine Spielernatur sind, die Freude hat am Glücksspiel, wenn Sie Fußballspiele und Boxkämpfe über

Willkommen in Südafrika

Die Ndebele-Frauen dekorieren ihre Häuser mit leuchtenden Farben

Willkommen in Südafrika

alles lieben oder wenn Sie ganz einfach Spaß an Disneyland haben, sollten Sie vielleicht Sun City besuchen, eine Mischung aus Las Vegas und Disneyland, 140 km im Nordwesten von Pretoria. Da diese Stätte des Vergnügens völlig außerhalb unserer Reiseroute liegt und man mindestens zwei bis drei Zusatztage benötigt, möchte ich Sun City nur als Abstecher beschreiben.

Von Pretoria sind es zunächst 65 km auf der N 4 bis Rustenburg, dann geht es weiter auf der Landstraße R 510 nach Sun City/Pilanesberg National Park.

Sun City ist ein riesiger Vergnügungskomplex in dem ehemals unabhängigen Homeland Bophuthatswana. Neben Freizeit- und Hotelanlagen mit Spielkasinos und Tanzrevuen gibt es hier ausgezeichnete Sportmöglichkeiten und tausend Vergnügungen im Stil von Disneyland. Bis 1994 war das Glücksspiel in Südafrika verboten, hier in Sun City hingegen entstanden Casinokomplexe nach dem Vorbild von Las Vegas und Atlantic City in den USA. Täglich werden Einheimische und Touristen aus der Umgebung, hauptsächlich aus Johannesburg und Pretoria, mit Bussen nach Sun City geschafft, alle wollen ihr Glück im Casino versuchen oder nur Spaß an der Atmosphäre haben. Drei der luxoriösesten Hotels Südafrikas finden wir hier in Sun City und einen der anspruchsvollsten Golfplätze der Welt, den Gary Player Country Club. Die Weltmeisterschaften im Profiboxen werden hier ausgetragen, Bowling, Kegeln, Squash und Tennis stehen auf dem Programm, auch Wassersport jeder Art kann man hier betreiben, denn ein künstlich angelegter See und das immer sonnige Wetter laden dazu förmlich ein. Auch internationale Stars kann man hier bewundern, sie treten häufig auf in dem 7.000 Besucher fassenden Superbowl Festsaal.

Im Dezember 1992 kam eine weitere Attraktion hinzu: „Lost City", ein märchenhafter Casinokomplex, der an eine versunkene, legendäre afrikanische Stadt erinnern soll. Unterhalb des Luxushotels breitet sich ein 25 ha großer, künstlich angelegter tropischer Regenwald aus mit 10.000 Orchideenarten, echten Urwaldbäumen und künstlichen Wasserfällen. Eine Märchenwelt zum Erholen und Entspannen – nicht ganz billig, denn die Übernachtung ist nicht unter 240 Rand zu haben.

Trotzdem kommen bis zu 25.000 Besucher täglich, und für Wohnmobilfahrer wird's nicht ganz so teuer: Sun City liegt unmittelbar am Südeingang zum *Pilanesberg National Park*, dort gibt es Campingplätze, z. B. den Manyane Caravan Park, P.O. Box 707, Rustenburg 0300, Tel. & Fax: (0 14 65) 5 53 57.

Im Park gibt es Elefanten, Leoparden, Giraffen und andere Tiere, so dass auch hier eine Safari im eigenen Wagen oder eine geführte Tour recht interessant ist.

Das Gebiet des Nationalparks liegt in einem erloschenen Krater, am Südrand befindet sich Sun City, im Norden erhebt sich der Pilanesberg bis zu einer Höhe von 1.687 m ü.d.M.

Das Gelände ist über ein 150 km langes Sandpistennetz gut erschlossen, von Sun City aus kann man eine Kurzsafari in den Nationalpark buchen, das ist dann ein schöner Kontrast zu der Glitzerglimmeratmosphäre der Stadt.

Pretoria

Lage:
Auf dem Highveld, 58 km nördlich von Johannesburg. Verwaltungshauptstadt Südafrikas.

Provinz: Gauteng

Einwohner: 823.000

Auskunft
Tourist Rendezvous Travel Center
Sammy Marks Square
P.O. Box 1613, Pretoria 0001
Tel.: (012) 3231222, Fax: 3231444

AA Branch Pretoria
AA House, 370 Vorhoekkers Road
Gezina, Pretoria 0084
Tel.: (012) 704287, Fax: 3300162

Übernachten
Karos Manhattan Hotel
247 Scheiding Str.,
Arcadia, Pretoria 0007
Tel.: (012) 3227635, Fax: 3200721
DZ 150-200 R/Person.

Essen & Trinken
Hillside Tavern
320 The Hillside,
Lynnwood, Pretoria 0040
Tel.: (012) 3481402

Camping
Fountains Valley Caravan Park
P.O. Box 1454, Pretoria 0001
Tel.: (012) 447131, 37 R/Nacht
Am Voortrekker Monument.

Besichtigungen
* *Voortrekker Monument*, geöffnet ist Mo bis Sa von 9-16:45 Uhr, sonntags erst ab 11 Uhr, Eintritt 3 Rand.
* *Church Square* mit Paul Krüger Statue, *City Hall, Melrose House*, Besichtigung täglich außer Mo und Feiertagen von 10-17 Uhr, Eintritt 2 Rand.
* *Parlamentsgebäude.*

Middelburg

Lage: Auf halben Weg zwischen Pretoria und Lydenburg (daher der Name), an der N4.

Provinz: Ost-Transvaal

Einwohner: 100.000

Auskunft
Visitors Information
P.O. Box 14, Middelburg 1050
Tel.: (0132) 25331, Fax: 432550

Übernachten
Olifants River Lodge
P.O. Box 638, Middelburg 1050
Tel.: (0132) 29114,
Westlich der Stadt, am Olifant-Fluss
DZ 50-100 R/Person.

Camping
Kruger Dam Pleasure Resort
P.O. Box 14, Middelburg 1050
Tel.: (0132) 442005, 20 R/Nacht
Am Krüger-See (ausgeschildert).

Besichtigungen
* *Bothshabelo Mission Station*, das Freilichtmuseum ist täglich von 9 bis 17 Uhr geöffnet.

Im Blyde River Canyon

Nach der Übernachtung am Kruger Dam fahren wir die wenigen Kilometer zurück auf die N 4. Dazu fahren wir vom Campingplatz aus links bis zur Hauptstraße und dort wieder links in Richtung „N 4 Pretoria/Johannesburg". Diese Straße bringt uns direkt zur N 4, auf der wir dann natürlich nicht nach Johannesburg fahren, sondern ihr in der anderen Richtung nach Nelspruit folgen, das wären genau 200 km. Es geht wieder durch eine sanfte Hügellandschaft bergauf und bergab, heute durch Weideland. Das Farmland haben wir auf unserer gestrigen Fahrt durchquert.

Man darf sich unter diesen, in die Landkarten dick blau eingezeichneten „Nationalstraßen" keine deutschen Autobahnen vorstellen. Bei der viel dünneren Besiedlung braucht man hier solche Straßen nicht. Zwar sind die Nationalstraßen in der Nähe der großen Städte autobahnmäßig ausgebaut, draußen, im weiten Land hingegen sind sie eher mit unseren Bundesstraßen vergleichbar. Man muss jedoch überall mit Schlaglöchern rechnen, auch dort, wo sie nicht als „Potholes" angekündigt sind.

Tankstellen gibt es nur in größeren Abständen, man ist also gut beraten, sich auch hier an das eherne Gesetz des Wohnmobilfahrers zu halten: morgens nie mit leerem Tank und leerem Wassertank starten, denn man weiß nie, was kommt!

Außer diesen in weiten Abständen anzutreffenden Tankstellen gibt es keine Möglichkeit, einmal anzuhalten, denn Rastplätze sind rar, und wenn man einen antrifft, dann lädt er gewiss nicht zum Rasten ein.

Nach einer Strecke von etwa 110 km achten wir fünf Kilometer vor dem Ort Waterval Boven auf den Wegweiser für die R 36 nach Lydenburg. Auf dieser schönen Bergstraße fahren wir 64 km bis Lydenburg, vorbei am Braam Raubenheimer See.

Lydenburg ist eine kleine Stadt mit 22.000 Einwohnern in 1.381 Metern Höhe. Die Umgebung ist landwirtschaftlich geprägt, wir sehen Korn-, Mais- und Sojafelder, aber auch der Fischfang ist von Bedeutung (Forellen). Die Stadt wurde 1849 von burischen „Voortrekkern" gegründet. Aus dem Jahre 1851 stammt die Voortrekker-Schule in der Church Street, sie ist die älteste Schule in Transvaal. 1875 wurde auch hier Gold entdeckt, und von 1857–1860 war Lydenburg sogar die Hauptstadt der Burenrepublik Lydenburg. Bereits 1874 gab es eine regelmäßige Pferdekutschenverbindung zwischen Lydenburg und Pilgrim's Rest.

Im Zentrum der Stadt starten wir auf der R 37 zur Überquerung der Drakensberge.

Über den Long Tom Pass

Es ist der *Long Tom Pass*, der uns über die Berge führt. Dabei haben sich die Straßenbauer fast den höchsten Punkt des Bergmassivs für die Überwindung ausgesucht: der Pass geht bis auf eine Höhe von 2.150 Metern, dicht vorbei an dem nur 24 m höheren „Mauchberg". Der höchste Berg der Osttransvaaler Drakensberge, der Mt. Anderson (2.284 m), liegt nur 7 km nördlich von unserer Straße.

Am Ortsausgang von Lydenburg geht es erst einmal vorbei am Aquarium und dann durch den Südzipfel des Gustav Kliengbiel Nature Reserve. Der Park ist 2.200 ha groß, man muss ihn nicht unbedingt besuchen, denn außer einem Museum, Resten einer eisenzeitlichen Siedlung und einigen Antilopen gibt es nicht viel zu sehen.

Bald überqueren wir den ersten Pass, den Masjiennek-Pass. Die Straße windet sich dann immer weiter hoch, bis wir kurz hinter dem Mauchberg den höchsten Punkt in 2.150 Metern Höhe erreicht haben. Der Long Tom Pass wurde 1871 fertiggestellt.

Bei der Abfahrt ins Tal in Richtung Sabie gibt es einige faszinierende Ausblicke, so „The Staircase" und „Long Tom Monument" an der rechten Seite und „Long Tom Shellhole" an der linken Seite. Zwischendurch überwinden wir einen weiteren Pass, den „Devil's Knuckles Pass", so genannt, weil die unebene Abfahrtsstrecke früher „Teufelsknöcheln" ähnelte. Heute ist das anders, die Straße ist durchweg geteert und gut zu fahren.

Früher – das war die Zeit der Buren, die auf dem Rückzug den Pass gegen die Briten verteidigten und dabei diese Bergstraße benutzten. Sie waren es auch, die die eigenartigen Namen vergaben wie Teufelsknöchel, Whiskey-Fluss, Koffiehoogte oder Long Tom, wie sie ihre Langrohr-Kanonen nannten.

Im Übrigen befinden wir uns hier direkt an der schroffen Abbruchkante des über 2.000 m hohen Highveld zum Lowveld, das auf nur 150 m Höhe liegt. Sie erstreckt sich über viele Kilometer von Nord nach Süd und bietet dem

Blütenpracht vor blauem Himmel: der Korallenbaum

Der wunderschöne Mac Mac Wasserfall ist 13 km von Sabie entfernt

Im Blyde River Canyon

Reisenden immer wieder atemberaubende Ausblicke über die sich weit vor ihm ausbreitende Landschaft des Lowveld. An den steilen, hohen Bergen regnen sich die vom Indischen Ozean herüberziehenden Wolken ab, so dass die Flüsse und Wasserfälle das ganze Jahr hindurch Wasser führen.

Bei den Wasserfällen
Drei dieser Wasserfälle liegen südwestlich von Sabie und fast auf unserem Weg in die Stadt.
Nach der bis Sabie 230 km langen Tagesstrecke und der Überwindung des Long Tom Passes verbleibt am späten Nachmittag gerade noch genug Zeit, diese Wasserfälle zu besichtigen.
Dazu verlassen wir die R 37 bei der ersten Gelegenheit, das ist eine Linksabbiegerstraße 3 km vor dem offiziellen Linksabbieger nach Sabie. Auf dieser Straße treffen wir nach ca. 4 km auf eine Querstraße, die links zum Horseshoe Fall führt und rechts zu den beiden anderen Wasserfällen. Wir wenden uns zunächst nach links und stoßen nach ca. 3 km auf die Hufeisenfälle *(Horseshoe Falls)*. Zurück bis zur Abzweigung und nur wenige Meter darüber hinaus gibt es eine andere Stichstraße, nach links abbiegend, die uns zu den *Lone Creek Falls* bringt. Dies ist ein 68 Meter hoher, recht eindrucksvoller, schleierartiger Wasserfall. Auch den Dritten im Bunde können wir uns noch anschauen, es ist der *Bridal Veil Fall* kurz vor Sabie, aber nur über eine etwa 6 km lange Stichstraße im Nordwesten zu erreichen.

Die nächste Etappe ist nun unser Campingplatz, der „Merry Pebbles Caravan Park", ein sehr ruhiger und gepflegter Platz mit sehr guten Sanitäranlagen. Er ist einfach zu finden, denn er liegt gut ausgeschildert links an unserer Straße kurz vor Sabie.

Sabie
Sabie ist ein kleiner Ort mit 11.000 Einwohnern an der Abbruchkante des Highveld, unterhalb des größten Berges der Region, des 2.284 m hohen *Mt. Anderson,* und was für Südafrika ungewöhnlich ist: inmitten dichter Wälder. Damit ist der Ort das wirtschaftliche Zentrum der heimischen Holzindustrie. 10 km südlich vom Ortskern steht die größte Papierfabrik Südafrikas. Auch Sabie entstand, wie so viele Orte dieser Gegend, aus einer Goldgräbersiedlung, nachdem Tom McLachlan hier im Jahre 1873 eine Goldmine entdeckt hatte. Von 1895 bis 1950 wurde hier intensiv Gold abgebaut, und 1913 erhielt der Ort einen Eisenbahnanschluss nach Nelspruit. Die Bahnstrecke windet sich in vielen Schleifen und Kurven vom 65 km südlich gelegenen Nelspruit entlang der R 37 durch Berge und Wälder bis Sabie und weiter bis zu dem 22 km nördlich gelegenen Ort Graskop.

Sabie haben wir am nächsten Morgen schnell besichtigt. Es gibt die *St. Peter's Anglican Church* von 1913, ein kleines *Waldmuseum,* in dem man etwas über die Entwicklungsgeschichte des Waldes dieser Gegend erfährt und die *Main Street* mit Banken, Tankstellen und einem SPAR-Supermarkt. Hier sollten wir unbedingt unsere Vorräte auffüllen, denn der nächste Übernachtungsplatz liegt zwar sehr schön, aber etwas abseits größerer Ortschaften.
Von der alten Goldgräberatmosphäre ist nichts geblieben, die Main Street

geht in ihrer Verlängerung in die R 532 über, die nach Graskop und Pilgrim's Rest führt, unseren nächsten Zielen. Nach 13 Kilometern erreichen wir die *Mac Mac Wasserfälle,* einen Zwillings-Wasserfall, der sich aus 56 Metern in eine tiefe Schlucht stürzt. Sein Wasser bekommt der Wasserfall aus einem Nebenarm des Mac Mac River. Rechts der Straße gibt es eine Parkbucht, die man nicht verfehlen kann, denn sie ist ständig von Händlern besetzt, die hier einheimische Kunstgegenstände feilbieten. Giraffen aus Holz geschnitzt und in allen Größen, herrliche bunte Holzvögel, bestickte Tücher und Perlenarbeiten sind hier zu haben. Auf einem Treppenweg gelangt man in wenigen Minuten zu einer Aussichtskanzel, von der aus man einen schönen Blick auf die Wasserfälle und die bewaldete Schlucht hat, in die sich der Doppelwasserfall ergießt. Vormittags fällt die Sonne auf den Wasserfall, nachmittags fristet er sein Dasein im Dunkeln (wichtig für die Fotografen!). Die Schlucht öffnet sich nach Süden hin, und 2 km südlich der Fälle hat sich ein glasklarer See gebildet, die *Mac Mac Pools.* Zu diesem See gibt es von der R 532 eine 5 km lange Schotterzufahrt, danach muss man noch etwa 5 Minuten laufen. Der See ist ein beliebter Ausflugs- und Picknickort für die Ortsansässigen, wie überhaupt die ganze, stark bewaldete Gegend sich bei den Einheimischen großer Beliebtheit erfreut.

1873 wurde auch an diesem Wasserfall Gold gefunden, es entstanden die „New Caledonian Gold Fields", die aber nur wenige Jahre beschürft wurden. Die vielen Schotten unter den Schürfern verhalfen dem Wasserfall zu seinem eigenartigen Namen.

Pilgrim's Rest

Die Mac Mac Fälle liegen etwa auf halbem Weg zwischen Sabie und Graskop. 4 km vor Graskop biegt die R 533 scharf links nach Pilgrim's Rest ab. Bis zu der alten Goldgräberstadt sind es von hier aus genau 10 km, zunächst steil bergan, über den Bonnet Pass, und dann wieder steil bergab, denn der Ort liegt tief unten im Tal auf mehreren Terrassen.

Pilgrim's Rest ist ein kleines Städtchen mit nur 1.600 Einwohnern. Es entstand nach dem Gold Rush von 1874, als hier sehr ergiebige Goldadern gefunden wurden. William Trafford und „Schubkarren-Alec" (Alec Patterson, der seine ganze Habe in einem Schubkarren mit sich führte) waren die glücklichen Entdecker. Später dann kauften die großen Schürfgesellschaften den Diggern ihre Schürfrechte ab, und 1895 wurde die „Transvaal Gold Mining Estate" gegründet, die das Goldschürfen wegen Unergiebigkeit erst 1971 aufgab. Nun ist hier wahrscheinlich wirklich kein Gold mehr zu holen.

Im Blyde River Canyon

In der Goldbergbau-Siedlung Pilgrim's Rest

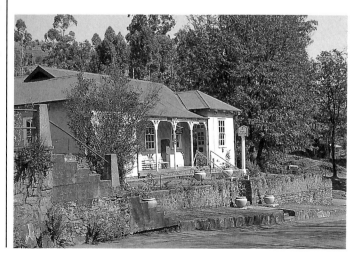

Im Blyde River Canyon

Dafür wurde das Städtchen zum National-Denkmal ernannt, sorgfältig restauriert und übermittelt jetzt den vielen Touristen einen Hauch von Goldgräberei und Abenteuer. Einige der Häuser befinden sich in Privatbesitz und können nur von außen angesehen werden, andere sind voll eingerichtet wie zur Goldgräberzeit und können besichtigt werden. Eintrittskarten dafür gibt es im Informationsbüro. Wir sehen das alte Rathaus, eine Bank, die Druckerei der „Pilgrim's Rest & Sabie News", das Royal Hotel, in dem man auch heute noch angenehm übernachten kann, alte Warenhäuser und vieles mehr.

Nicht verschlossen ist der *Historic Cemetery*, der alte Friedhof. Er liegt oberhalb der Stadt an einem Hang, man kann die Gräber der Goldsucher sehen und aus den Inschriften der Grabsteine Schicksale ablesen.

Und woher der Name kommt? Nun, ganz einfach: die ersten Pilger (Goldgräber), die hierher kamen, hofften, dass sie hier ihre Ruhe finden würden, weil die Goldquellen so ergiebig waren.

Die Panorama-Route
Nördlich von Pilgrim's Rest kommen wir in das landschaftlich sehr interessante und eindrucksvolle Gebiet des *Blyde River Canyon*.
Der Canyon liegt im *Blyderivierspoort Nature Reserve*, einem 22.664 ha

Das Blyderivierspoort Nature Reserve gehört zum Großartigsten, was Südafrika zu bieten hat

Im Blyde River Canyon

großen Naturschutzgebiet, das sich von Graskop im Süden bis Swadini im Norden erstreckt. Hier im Gebiet der östlichen Drakensberge fällt das über 2.000 m gelegene Hochveld abrupt ab auf ein Niveau von 150 bis 200 m. An dieser steilen und hohen Bergkante regnen sich die vom Indischen Ozean herüberkommenden Wolken ab, und die ergiebigen Regenfälle, Flüsse und Wasserfälle haben im Laufe der Jahrmillionen bizarre Formen in die Berge gemeißelt. Im oberen Teil des Parks grub der Blyde River zwischen Bourke's Luck und dem Blydepoort Dam einen 26 km langen Canyon in das Gestein. Der Blyde River entspringt in den Drakensbergen bei Pilgrim's Rest, fließt dann durch das Gebirge genau nach Norden bis zu den Bourke's Luck Potholes. Dort vereinigt er sich mit dem Treur River, durchfließt dann den Blyde River Canyon und den Blyde River See, um schließlich nordwestlich von Hoedspruit in den Olifantsriver zu münden.

Mit den Namen der beiden Flüsse Blyde (das heißt „Freude") und Treur (das heißt „Trauer") verbindet sich eine alte Voortrekker-Legende: Im Winter 1840 leitete Kommandant A.H. Potgieter eine Gruppe Voortrekker in Richtung zum Indischen Ozean, um einen Handelsweg zur Küste zu erkunden. Die Frauen und die Planwagen ließen sie nördlich von Graskop zurück. Nachdem die vorgesehene Wartezeit längst überschritten war, vermuteten die zurückgebliebenen Voortrekker ein Unglück, nannten den Fluss, an dem sie lagerten „Treur River" und zogen nach Westen davon. Bald erreichten sie einen anderen Fluss, und dort stießen auch die erfolg-

Bourke's Luck Potholes. Hier hat der Blyde River große, kreisrunde Löcher in den Fels gefressen

Im Blyde River Canyon

reich und glücklich zurückgekehrten Männer wieder zu ihnen. Aus Freude nannten sie den Fluss „Blyde River".

Die herrliche Gegend des Blyde River Canyons ist durch eine Panoramastraße erschlossen, auf der alle Sehenswürdigkeiten bequem zu erreichen sind.

Wir verlassen Pilgrim's Rest auf der Straße, auf der wir gekommen sind und stoßen hinter dem Bonnet Pass bei der großen Kreuzung wieder auf die R 532. Wir fahren über die Kreuzung hinweg auf der R 532 vier Kilometer bis Graskop, verlassen diese Straße aber 1,5 km hinter dem Ort bei dem betreffenden Hinweisschild rechts auf die Panoramastraße R 534. Nach weiteren 1,5 km kommen wir rechts zum ersten Aussichtspunkt „The Pinnacle".

Die Pinnacle ist eine schlanke Granitnadel, die steil aus dem Wald emporragt. Von dem Aussichtspunkt blicken wir auf die Felsnadel und dahinter auf das weite Vorland der Drakensberge.

Der nächste Aussichtspunkt ist „God's Window". Von Gottes Fenster hat man einen wunderschönen freien Blick über das Lowveld, das hier etwa 1.000 m tiefer liegt. Bei klarem Wetter reicht die Sicht bis in den Krügerpark.

Einen ähnlich schönen Blick hat man von dem weniger als 1 km dahinter liegenden Aussichtspunkt „Wonderview". Von beiden Parkplätzen aus gibt es Wanderwege entlang der Abbruchkante, die immer wieder atemberaubende Aussichten ermöglichen oder sich durch die tropische Vegetation des *Rain Forest* ziehen.

Nach einer Schleife von insgesamt 13 km stößt die R 534 dann wieder auf die R 532, der wir nach Norden, also rechts abbiegend folgen.

Wer noch gerne ein oder zwei Wasserfälle sehen möchte, hat dazu jetzt Gelegenheit: Die „Lisbon Falls" liegen am Ende einer 2 km langen Stichstraße, die man ein ganz kurzes Stück südlich der Einmündung der R 534 in die R 532 findet. Das Wasser stürzt hier 92 m in die Tiefe.

Zu dem zweiten Wasserfall, den „Berlin Falls", biegt eine 2 km lange Stichstraße einen knappen Kilometer nördlich der Einmündung der R 534 in die R 532 ab. Dieser Wasserfall ist 80 m hoch.

Mit oder ohne Besichtigung der Wasserfälle folgen wir der R 532 nördlich und erfreuen uns an der schönen Landschaft, die uns zur rechten Seite immer wieder wunderschöne Ausblicke beschert, bis wir nach 26 km an den nächsten Aussichtspunkt kommen, *Bourke's Luck Potholes*. Hier gab es früher einmal eine kleine Goldmine, die dem Goldsucher Bourke viel Glück brachte: Bourke's Luck.

Hier, am Zusammenfluss der beiden Flüsse Blyde und Treur River, haben die Strudel des Wassers in vielen Millionen Jahren tiefe, zylindrische Löcher in das Gestein gebohrt. Diese Löcher oder „Potholes" sehen wirklich aus wie mit großen Bohrern in das Gestein hineingebohrt. Auf einem Rundgang kann man diese eindrucksvollen „Bohrlöcher" besichtigen. Dabei überqueren wir auf geschwungenen hölzernen Brücken zweimal den Blyde und einmal den Treur River. Von diesen Brücken aus hat man den schönsten Blick und die besten Möglichkeiten zum Fotografieren der bizarr geformten Strudellöcher.

Angeschlossen ist eine kleine Ausstellung und ein Kiosk.

Im Blyde River Canyon

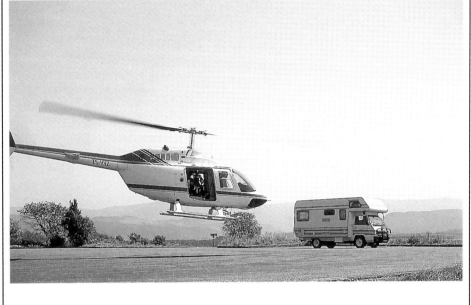

Hubschrauber gegen Wohnmobil? Nur der Start eines Fernsehteams zu Luftaufnahmen

Hier bei den Bohrlöchern geht es dann so richtig los mit dem Canyon. Von hier aus gräbt sich der Fluss tief in die Felsen hinein, mitunter bis zu einer Tiefe von 700 Metern. Oben an der Kante geht die Straße weiter, bis nach ca. 18 km rechts eine Stichstraße mit einem Wegweiser zum „World's End" abzweigt. Hier am „Ende der Welt" haben wir noch einmal einen fantastischen Blick auf den oberen Teil des Canyons mit einer besonders schönen Bergformation am gegenüberliegenden Berghang: eine Dreiergruppe schaut aus wie drei nebeneinander stehende afrikanische Rundhütten und heißen deshalb auch „The Three Rondavels". Überragt werden sie von dem 1.944 m hohen *Mariepskop,* dem höchsten Berg dieser Gegend. In der Ferne schimmert das Wasser des Blyde River Sees, an dessen gegenüberliegendem Ufer wir heute übernachten wollen. Um von hier aus in den Krüger Park zu kommen, müssen wir nämlich das ganze riesige Bergmassiv und den Blydepoort Dam umfahren, und dabei leisten wir uns dann den Abstecher zu einem komfortablen und sehr schön am See gelegenen Erholungsgebiet mit Caravan Park in Swadini.

Die R 532 macht jetzt einen Bogen nach Westen und stößt 20 km hinter dem „Ende der Welt" auf die R 36, auf der wir nordwärts über den *Abel Erasmus Pass* und durch den J.G.Strijdom Tunnel fahren. Wir benutzen die erste Möglichkeit, nach rechts abzubiegen, das ist die R 531 in Richtung Hoedspruit.

Hoedspruit und Swadini

Hoedspruit ist ein kleiner, unbedeutender Ort. Wir stießen nur auf den Namen, weil wir in dieser Gegend einen Campingplatz auf dem Wege zum Krüger Nationalpark suchten. Im Campingführer ist ein schöner Campingplatz für Hoedspruit angegeben, den steuern wir jetzt an, und zwar auf

Im Blyde River Canyon

der R 531 ostwärts. Unterwegs übersehen wir fast einen kleinen Wegweiser nach „Aventura Swadini", wie unser Übernachtungsplatz heißt. Da der Campingplatz von Hoedspruit von dem Ort genau 39 km entfernt liegt, müssen Sie dort, wo die R 527 nach Hoedspruit geradeaus weitergeht, mit dem Hinweisschild „Aventura Swadini – rechts", diesem guten Rat folgen und hier auch wirklich nach rechts auf die R 531 abbiegen. Sie treffen dann nach 12 km auf einen weiteren Wegweiser „Aventura Swadini – rechts", und dann sind es noch einmal 15 km bis zum Ziel!

Der Blyde River Canyon – einfach hinreißend

Doch die lange Anfahrt lohnt sich, denn dafür übernachtet man hier in einer sehr gepflegten Anlage direkt am Ufer des Blyde River Sees. Die Ferienanlage hat alle erdenklichen Einrichtungen, ist ein beliebtes Ferienziel der Einheimischen und hat hervorragende sanitäre Anlagen.

Zum Krüger Nationalpark, dem absoluten Highlight unserer Reise, starten wir dann am nächsten Morgen, dazu fahren wir zunächst zurück zur R 531 und dann immer den Wegweisern nach Orpen folgend 75 km bis zur Orpen Gate, unserem Eingang zum Krüger Nationalpark.

Im Blyde River Canyon

Blyde River Canyon

Lage:
Am Plateaurand der Osttransvaaler Drakensberge, wo das Highveld abrupt in das Lowveld übergeht.

Provinz: Ost-Transvaal

Größe: 22.667 ha

Auskunft
Blyde River Canyon Nature Reserve
Private Bag X431, Graskop 1270
Tel.: (013) 7696019, Fax: 7696005

Pilgrim's Rest Information
Private Bag X516, Pilgrim's Rest 1290
Tel.: (013) 1581211

Übernachten
Summet Lodge
8 Mark Street, P.O. Box 82, Graskop 1270
Tel.: (013) 7671058, Fax: 7671895
DZ 79–90 R/Person.

The Sabie Townhouse
Power Street, P.O. Box 134, Sabie 1260
Tel.: (013) 7642292, Fax: 7641988
DZ 145 R/Raum.

Mount Sheba Hotel & Nature Reserve
On Rout 533 west of Pilgrim's Rest
P.O. Box 100, Pilgrim's Rest 1290
Tel.: (013) 1581241, Fax: 1581248
DZ 250–300 R/Person.

Fort Coepieba Motel
P.O. Box 35, Hoedspruit 1380
Tel. & Fax: (015) 2831175
DZ 100–150 R/Person

Camping
Merry Pebbles
Old Lydenburg Road
P.O. Box 131, Sabie 1260
Tel.: (013) 7642266, Fax: 41502
50 R/Nacht

Adventure Swadini
P.O. Box 281, Hoedspruid 1380
Tel.: (015) 2835141, Fax: 2835141
50 R/Nacht

Essen & Trinken
Bourke's Luck Kiosk
Main Street, Pilgrim's Rest 1290
Tel.: (013) 7681140

Loggerhead Restaurant
Main Street, Sabie 1260
Tel.: (013) 7643341

Besichtigungen
* Lone Creek-, Bridal Veil- und Mac Mac Wasserfälle
* Sabie
* Pilgrim's Rest (die Information und die Museumshäuser sind täglich von 9–12:45 und von 13:15–16:30 Uhr geöffnet)
* Panorama Route mit God's Windows und Bourke's Luck Potholes (geöffnet täglich von 7:30–16:45 Uhr, Eintritt 2,50 Rand).

Der Krüger Nationalpark

Der Krügerpark, oder Kruger National Park, wie er offiziell heißt, gehört zu einem Südafrikabesuch wie der Kölner Dom zu einem Besuch von Köln.
Über 800.000 Besucher zieht es alljährlich in den Park, sie finden Unterkunft in 12 komfortablen Rest Camps und einigen einfacheren privaten und Buschcamps, und sie tummeln sich auf einem über 1.800 km langen Straßennetz, das zu gut einem Drittel asphaltiert ist.
Der Park liegt im Nordosten des Landes und stößt mit seiner Ostgrenze über eine Länge von 350 km an das Nachbarland Mosambik an. Im Norden wird der Park durch den Limpopo-Fluss begrenzt, der gleichzeitig die Grenze zu Zimbabwe bildet. Die südliche Grenze des Krügerparks ist der Crocodile-Fluss, die breiteste Stelle des Parks am Olifants River beträgt 90 km. Mit 19.485 km² ist der gesamte Park etwa so groß wie das Bundesland Rheinland-Pfalz.
Seit 1975 ist das gesamte Gelände des Parks durch einen 1.200 km langen Zaun eingezäunt. Es gibt 8 kontrollierte Eingänge, an denen von den Besuchern Eintritt zu entrichten ist, der der staatlichen Pflege des Parks zugute kommt.
Die Parkeingänge sind: ganz im Norden, an der Grenze zu Zimbabwe die *Pafuri Gate,* zu erreichen über die R 525. Nur wenig südlich davon liegt die *Punda Maria Gate* bei dem Camp Punda Maria, zu erreichen über die R 524. Fast genau in der Mitte des Parks führen die R 71 und die R 40 zu der *Phalaborwa Gate* bei dem Ort Phalaborwa, der auch einen kleinen Flugplatz hat. Die Weiterführung der R 71 im Park bringt uns nach 52 km genau westlich zum Camp Letaba und weiter zum Olifants Camp. Dann folgen die mehr frequentierten Eingänge *Orpen Gate* am Orpen Camp, zu erreichen über die R 531 mit Weiterführung zum Camp Satara (46 km) und die *Paul Krüger Gate,* 12 km vor Skukuza, zu erreichen über die R 536 von Hazyview aus (43 km). Nur 17 km von Hazyview entfernt liegt die *Numbi Gate,* 9 km vor dem Camp Pretoriuskop. Ganz im Süden des Parks gibt es die beiden Eingänge *Malelane Gate,* nur 5 km von der N 4 entfernt und mit Anschluss zu den Camps Malelane und Berg-en-Dal, sowie die Gate *Crocodile Bridge* am gleichnamigen Camp, 13 km von der N 4 entfernt.
Die Eingänge werden je nach Jahreszeit um 5:30, 6:00 oder 6:30 Uhr geöffnet und schließen abends um 17:30, 18:00 oder 18:30 Uhr. Diese Öffnungszeiten sollte man sich einprägen, denn sie gelten auch für die Camps innerhalb des Parks, und wer zu spät kommt, ist übel dran, denn das Übernachten im Park ist außerhalb der Camps nicht gestattet und auch nicht unbedingt ratsam.
Das Straßensystem bietet eine Hauptverbindung vom Norden (Pafuri Gate) zum Süden (Crocodile Bridge Gate) über eine Länge von 406 km und mehrere Querverbindungen zu den anderen Eingängen.
Der gesamte Park wird von einigen Flüssen durchzogen, von denen sechs ganzjährig wasserführend sind. Dieses

sind im Norden der Grenzfluss Limpopo und der Luvuvhu, der Letaba und der Olifants River im Zentrum sowie die Flüsse Sabie und Crocodile River im Süden. Außerdem gibt es im Nationalpark knapp 400 künstlich angelegte Wasserstellen, die auch bei größerer Trockenheit mit Wasser versorgt werden. Hier kann man fast immer Tiere beobachten.

Der Krüger Nationalpark liegt auf einer Höhe von 200 bis 300 m ü.d.M. und ist größtenteils mit Gras und Buschwerk bedeckt. Dabei ist der Süden hügeliger und feuchter als der Norden. Der höchste Berg ist 840 m hoch, heißt Khandzalive und liegt ganz im Südwesten des Parks. Das Klima ist subtropisch, und im Sommer sind heiße Tage mit 40° C keine Seltenheit. Dabei fällt auch im Sommer der meiste Regen, und zwar im Süden des Parks fast doppelt so viel wie im Norden. Schön ist es im Winter, da ist es nicht so heiß, nicht so voll, und die Tiere können sich hinter den kahlen Bäumen nicht so gut verstecken. Allerdings sieht die Landschaft dann etwas kahl und eintönig aus.

Anreise
Die meisten Besucher kommen im Pkw oder im Wohnmobil angereist, wobei die Fahrzeit von Johannesburg 5–6 Stunden beträgt. Sie benutzen die Nationalstraße N 4 bis Nelspruit und von dort die R 40 und R 538, um den Krügerpark durch die Numbi- oder Paul Krüger Gate zu erreichen. Viele Besucher machen auch den von uns empfohlenen Umweg über Sabie und

Der Krüger Nationalpark

Auf Foto-Safari im offenen Geländewagen

Der Krüger Nationalpark

Langer Hals und lange Beine: die freundlichen Giraffen

Der Krüger Nationalpark

Pilgrim's Rest, um sich den wunderschönen Blyde River Canyon nicht entgehen zu lassen. Diese Reisenden betreten den Krügerpark dann weiter nördlich an der Orpen Gate, durch die auch wir auf unserer Fahrt von Swadini in den Park gelangen.

Ganz eilige Mitmenschen können auch von Johannesburg oder Durban aus einfliegen, kleine Flugplätze gibt es in Phalaborwa und am Skukuza-Camp.

Von der Orpen Gate führt die Straße mit der internen Bezeichnung H 7 ziemlich genau nach Osten und erreicht nach 5 km die erste Wasserstelle, an der wir bestimmt einige Tiere beobachten können. Weiter geht es vorbei am Rabelais See und am Aussichtspunkt Bobbejaankrans. Nach insgesamt 40 km stoßen wir beim Camp Satara auf die große Nord-Süd-Straße, der wir nach rechts, also in südlicher Richtung folgen. Wir fahren dann auf den offiziellen Straßen kreuz und quer durch diesen Teil des Parks, immer auf der Suche nach Elefanten, Löwen oder anderem Großwild. Rechtzeitig am Abend jedoch sollten wir in unserem Camp sein, die Übernachtung sollten wir in der Hochsaison tunlichst vorbestellt haben.

Geschichte

Da die Tierbestände aufgrund unkontrollierter Jagd im Gebiet des heutigen Krügerparks im letzten Jahrhundert extrem dezimiert wurden, beschloss der burische Präsident von Transvaal, Paul Krüger, im Jahre 1898 ein zunächst relativ kleines Gebiet zwischen dem Sabie- und dem Crocodile River zum Naturschutzgebiet zu erklären. Schnell wurde dieses Schutzgebiet erweitert, und 1926 konnte der Nationalpark eröffnet werden, der nach dem Mann benannt wurde, der sich als erster für den Schutz der Tiere in dieser Region eingesetzt hat: Paul Krüger.

Der „Kruger National Park" ist damit der älteste und auch der größte Nationalpark Südafrikas und sicher auch der bekannteste, jedenfalls ist er weltweit eines der bedeutendsten Tierschutzgebiete.

Leider ist der Nationalpark Malariagebiet, darum sollten einige Vorsichtsmaßnahmen unbedingt eingehalten werden: Nach Einbruch der Dunkelheit sollte man sich nicht zu lange im Freien aufhalten, man sollte möglichst Kleidung tragen, die den ganzen Körper bedeckt, Insekten abweisende Mittel benutzen sowie vor dem Schlafengehen das Wohnmobil kontrollieren und sicherstellen, dass sich dort keine Mücken eingeschlichen haben.

Fauna und Flora

Der Krügerpark besteht hauptsächlich aus Grassteppe (mehr im Norden) und Baumsavanne (mehr im Süden). Den Wechsel von Grasland, Büschen und Bäumen bezeichnet der Südafrikaner als „Bushveld". Manchmal wirkt die riesige Savanne vielleicht etwas eintönig, es gibt aber trotzdem an die 2.000 verschiedene Pflanzenarten und so interessante Bäume wie den Affenbrotbaum und die häufig anzutreffende Schirmakazie. Trotzdem fahren wir nicht der Bäume oder Sträucher wegen in den Krügerpark, sondern wegen seines unglaublich vielfältigen und interessanten Tierbestandes.

Die „Big Five" möchte jeder sehen, es gibt aber zahlreiche weitere Tiere im Park, über deren plötzliches Auftauchen wir uns freuen. Im Krügerpark leben neben etwa 140 Säugetierarten auch über 450 Vogelarten, 114 Reptilienarten sowie 40 verschiedene Fischarten und 33 Arten von Amphibien.

Hübsch sind die *Perlhühner* anzuschauen. Sie sind schwarz und über und über mit weißen Punkten bedeckt. Wir begegnen ihnen in vielen Camps, sie sind aber recht scheu.
Unsere besondere Bewunderung haben aber immer wieder die „Big Five", die fünf Großen des Parks, nämlich Büffel, Elefant, Leopard, Löwe und Nashorn. Die Giraffe gehört aus unerfindlichen Gründen nicht dazu, obwohl sie die anderen „Großen" bei weitem überragt.

Bestandsregulierung

Den Elefanten im Krügerpark geht es gut und sie vermehren sich erfolgreich: ca. 400 Elefantenbabys kommen jährlich im Park zur Welt. Damit wäre die Herde zu groß und hätte den Park schon längst verwüstet und sich selbst und anderen Tieren die Existenzgrundlage zerstört. Immerhin verspeist ein Elefant etwa 1.000 Bäume im Jahr, und eine Elefantenherde benötigt einen beträchtlich großen Lebensraum. Deshalb wird in diesem Punkt im Nationalpark etwas gemogelt: Ein Nationalpark ist ja eigentlich ein Gebiet, in dem sich die Natur völlig selbst überlassen ist. Zum Schutze des Parks, der übrigen Tiere und auch der Elefanten selbst wurde jedoch schon seit Jahrzehnten die Herde künstlich auf einem Bestand von etwa 7.500 Tieren gehalten, indem die überzähligen Tiere abgeschossen wurden. Dies geschieht kontrolliert und von den Rangern selbst, wobei das Fleisch den Einheimischen als beliebtes Nahrungsmittel dient und auch die Haut verwertet wird. Aber immerhin, das Schauspiel als solches ist grausam.

Diese Praxis der Bestandsregulierung ist 1996 geändert worden. Nördlich von Johannesburg, in der Nähe der Stadt Thabazimbi, wurde ein 44.000 ha großes Stück Land reserviert und zum Wildschutzgebiet ernannt. Es erhielt den Namen „Marakele", das heißt Zufluchtsort, und es soll ein Zufluchtsort für die Elefanten werden, die im Krügerpark keinen Lebensraum mehr haben. 30.000 ha angrenzendes Land sollen hinzugekauft werden, so dass hier dann etwa 250 Elefanten leben können. 14,3 Millionen DM kostet dieses Projekt, das aus Spendengeldern aus aller Welt finanziert werden soll. Dann können die Elefanten ihre Polonaise starten, vom Krügerpark zum Marakele.

Fahrten und Wanderungen

Auf den Straßen des Krüger Nationalparks darf der Besucher im eigenen Pkw oder Wohnmobil fahren, jedoch sind die Geschwindigkeitsbegrenzungen unbedingt einzuhalten: 50 km/h auf geteerten Straßen und 40 km/h auf Schotterstraßen. Wer beim Beobachten der Tiere erfolgreich sein will, sollte sowieso nicht mehr als 20 km/h fahren. Wer von der Straße abweicht und quer durch den Busch fährt, wird aus dem Park verwiesen und muss mit einer hohen Strafe rechnen. Auch Aussteigen ist verboten, bis auf einige wenige, besonders als „Picnic Spot" gekennzeichnete Stellen. Es gibt 11 solcher Plätze, z.B. die Nkuhlu Picnic Area östlich von Skukuza oder den Parkplatz Tshokwane am Munywini Fluss.

Der Krüger Nationalpark

Der Krüger Nationalpark

Fahren Sie also gemächlich durch den Park und halten Sie die Augen offen. Tierbeobachtungen erfordern Geduld und auch ein bisschen Glück. Es kann durchaus passieren, dass Sie nach halbstündigem Warten an einem Wasserloch endlich aufgeben und weiterfahren, und kaum sind Sie außer Sicht, erscheint eine ganze Elefantenherde zum Baden.

Wo die Tiere anzutreffen sind, kann man schlecht sagen. Es hängt von der Jahreszeit, den Wasserverhältnissen und der Tageszeit ab, und dann natürlich von den Launen der Tiere.

Generell gilt, dass sich im trockenen Norden des Parks, bei Punda Maria, die großen Elefanten- und Büffelherden aufhalten. Im Zentrum bei Satara und Olifants treffen wir auf große Antilopenherden, deshalb ist dort die Chance, Löwen oder Geparden zu sehen, relativ gut. Im feuchteren Süden, bei Skukuza und Pretoriuskop stößt man häufiger auf Flusspferde, Büffel und Krokodile, aber auch auf Elefanten und Giraffenherden.

Zebras trifft man meist in großen Herden

Die beste Zeit für die Tierbeobachtung ist der Morgen bis etwa 10 Uhr und der Abend vor dem Schließen der Camps. Diesen Zeitpunkt sollten Sie aber auf keinen Fall versäumen, sonst wird's unangenehm. Erkundigen Sie sich vor Verlassen des Camps nach der Schließungszeit.

Das Krokodil lauert auf Beute

Man kann im Park auch wandern, aber nur in Begleitung eines Rangers. Einige Camps bieten geführte Tagestouren an, es gibt auch Mehrtagestouren, bei denen man in einfachen Hütten übernachtet. Wegen der großen Nachfrage sollte man diese Touren aber mindestens ein Jahr im Voraus buchen, und zwar bei der Nationalparkverwaltung.

An den Wasserstellen und Flussläufen gibt es die beste Chance für Wildbeobachtungen

Impala,

Affen…

…und ein Leopard

Der Krüger Nationalpark

Camps im Krügerpark

Da es sich kaum lohnt, den Krügerpark an einem Tag zu absolvieren, verbringen die meisten Besucher eine oder mehrere Nächte im Nationalpark. Dazu stehen *12 Rest Camps* zur Verfügung, die durch starke Zäune vor den Wildtieren geschützt sind. Man übernachtet in kleinen Häuschen oder Rondavels, die in der Regel gut eingerichtet sind mit Schlafraum, Bad und Kochgelegenheit. Buchung erfolgt über die Nationalparkverwaltung oder über jedes Reisebüro, dort erfahren Sie auch die aktuellen Übernachtungspreise.

Ich möchte Ihnen die größeren und schönsten dieser Rest Camps kurz beschreiben:
Skukuza ist das größte Camp, hier ist auch der Sitz der Parkverwaltung. Das Camp liegt 12 km hinter dem Paul-Krüger-Eingang und hat 274 komfortabel ausgestattete Hütten. Der angeschlossene Campingplatz hat 360 Stellplätze. Es gibt Restaurants, eine Cafeteria, Einkaufsläden, Tankstelle, Waschmaschinen, öffentliche Telefone, Post- und Bankschalter, Erste-Hilfe-Station, zwei kleine Museen, einen kleinen Flugplatz, und es werden abendliche Pirschfahrten angeboten. Innerhalb des Camps gibt es einen Beobachtungsstand, von dem aus man den Sabie River überblicken kann. Mit etwas Glück sehen wir Elefanten bei der Tränke oder Flusspferde, Büffel und Giraffen.

Pretoriuskop liegt 9 km hinter der Numbi Gate im Süden des Parks und ist nicht nur das älteste Camp im Park, sondern auch eines der drei größten. Es gibt 164 Hütten und 180 Stellplätze

Die Restcamps im Krügerpark

Rest Camp	Hütten	Restaur.	Laden	Camping	Tankst.	Sw.Pool	Telefon	Night Drives
Berg-en-Dal	163	×	×	×	×	×	×	×
Crocodile Bridge	32		×	×	×		×	
Letaba	142	×	×	×	×		×	×
Lower Sabie	122	×	×	×	×		×	×
Mopani	103	×	×		×	×	×	×
Olifants	112	×	×	×	×		×	
Orpen	15		×	×	×		×	
Pretoriuskop	164	×	×	×	×	×	×	×
Punda Maria	62	×	×	×	×		×	
Satara	205	×	×	×	×		×	×
Shingwedzi	129	×	×	×	×	×	×	×
Skukuza	274	×	×	×	×		×	×

auf dem Campingplatz, weiterhin ein Restaurant, Cafeteria, Einkaufsladen, Waschmaschinen, Tankstelle, öffentliche Telefone, Postschalter, Erste-Hilfe-Station, einen Swimmingpool, und es werden auch hier abendliche Pirschfahrten angeboten. Das Camp liegt etwas erhöht in einer malerischen Felsenlandschaft.

Berg-en-Dal liegt ganz im Süden des Parks, 13 km von der Malelane Gate entfernt, und diese wiederum liegt nur 5 km nördlich der Nationalstraße N 4. Das Camp ist sehr komfortabel und modern und hat Einrichtungen für Konferenzen bis 200 Personen. Natürlich hat dieses Camp alle touristischen Einrichtungen, einschließlich Tankstelle, Bank und Swimmingpool.

Olifants und *Letaba* sind zwei hübsche Camps, jeweils auf einer Anhöhe gelegen, von der aus man den Fluss überblicken kann. Olifants liegt am Olifants River und Letaba 25 km nördlich am Letaba River. Letaba hat 142 Hütten und 180 Stellplätze auf dem Campingplatz, Olifants hat 112 Hütten und einen Campingplatz. Beide Plätze haben wieder alle touristischen Einrichtungen, jedoch keinen Swimmingpool.

Auch *Lower Sabie* ist ein sehr schönes Camp mit allen touristischen Einrichtungen. Es liegt am aufgestauten Sabie Fluss in einer sehr wildreichen Gegend des Parks. Die Zufahrt von Skukuza aus führt immer am Sabie River entlang, und man bekommt schon auf der Fahrt zum Camp so allerlei Getier zu sehen, bestimmt aber Elefanten und Giraffen.

Für welches Camp auch immer Sie sich entscheiden mögen, Sie werden stets einen angenehmen Aufenthalt haben und mit etwas Geduld und Glück einige aufregende Tage erleben. Auf jeden Fall sollten Sie die Übernachtung im Voraus buchen, bei der Parkverwaltung oder Ihrem Reisebüro, denn es wäre eine schwere Enttäuschung, wenn Sie am Parkeingang erfahren müssten: „Sorry, we are completely booked out".

Der Krüger Nationalpark

Auf Pirsch in der Inyati Game Lodge

Am Ufer des Sand-Flusses, im Nordwesten der Buschlandschaft des *Sabi Sand Game Reserve*, liegt die kleine, luxuriöse Inyati Game Lodge. Es ist eines von etlichen privaten Wildreservaten, die sich hier am Rand des Krügerparks angesiedelt haben. Im Unterschied zu den staatlichen Camps im Nationalpark sind die Einrichtungen bedeutend komfortabler, ja sogar luxuriös, die Gäste werden individuell betreut und in offenen Jeeps durch das Reservat gefahren, wobei sich die Fahrer über Funk darüber verständigen, wo sich die interessanten Tiere gerade aufhalten. Ein weiterer, wichtiger Unterschied zu den staatlichen Camps im Nationalpark ist der Übernachtungspreis, denn für die genannten Leistungen muss der Gast recht kräftig zahlen. Eine der schönsten dieser privaten Wildreservate ist die *Inyati Game Lodge*. Sie liegt im Herzen des Lowveld, an den malerischen Ufern des *Sand River*, wo Tiere und Pflanzen in großer Vielfalt anzutreffen sind. „Inyati" ist das Eingeborenenwort für Büffel, und es gibt tatsächlich viele Büffel hier im Reservat. Inyati, das weite Land der mächtigen, unbezähmbaren Büffel, ist auch die Heimat von zahlreichen Antilopenarten, die hier in großen Herden ihren Freiraum finden. Man beobachtet häufig Herden von Gnus, Giraffen, Zebras und mit etwas Glück das aufregende Spektakel eines stolzen Löwen auf der Jagd, die Sensation eines Geparden im vollen Lauf, das ehrfurchtgebietende Schauspiel der Elefanten, die durch das Unterholz brechen.

Da die Inyati Game Lodge an einem der wenigen ganzjährig Wasser führenden Flüsse liegt, leben hier eine Fülle von Krokodilen und Nilpferden sowie eine einzigartige Vogelwelt mit über 380 Arten.

Die Inyati Game Lodge

Wenn man durch das Tor der Lodge fährt, kommt man in eine andere Welt. Die Anzahl der Gäste ist auf ein Maximum von 20 beschränkt, um einen persönlichen Service zu gewährleisten. Sie werden komfortabel in Rietdachchalets mit geräumigen Badezimmern untergebracht. Jedes der großzügigen, klimatisierten Chalets ist geschmackvoll eingerichtet.

Langschläfer haben hier ein Problem, denn der Tag beginnt bei Sonnenaufgang, wenn die Luft noch klar und kühl ist. Nach einer Tasse Kaffee können Sie in einem offenen Landrover, begleitet von einem erfahrenen, bewaffneten Wildhüter, zu einer Frühmorgenpirsch starten. Sollten Sie es aber bevorzugen, den Morgen müßig zu gestalten, so lädt eine Baumplattform ein, die Landschaft zu betrachten, und mit Spannung zu erleben, wenn das Wild zu einem der Wasserlöcher kommt.

Endlich am Ziel: Der Eingang zur Inyati Game Lodge

Der Krüger Nationalpark

Jede Hütte ist ein kleines Apartment mit Wohn-Schlafzimmer und Bad

Die Unterbringung in den Game Lodges erfolgt oft in sehr gemütlichen Rundhütten

Von der Terrasse haben Sie eine herrliche Aussicht über die Flussvegetation, den natürlichen Lebensraum für Elefanten, Flusspferde und Leoparden.

Die *Abendpirsch* ist ein Erlebnis, das Sie nicht versäumen sollten. Sie werden scheue Nachttiere sehen, wie Zibetkatzen und Ginsterkatzen, weißschwanzige Mungos, Stachelschweine, Schakale und Leoparden, aber auch Elefanten, die sich im letzten Tageslicht durch das Dickicht schlagen.

Weder ich noch die Wildhüter können eine Garantie dafür übernehmen, dass Sie diese Tiere auch wirklich alle zu sehen bekommen, wenn Sie nur an einer oder zwei Ausfahrten teilnehmen. Wir befinden uns nicht in einem Zoo, sondern in einem über 10.000 ha großen Gelände, in dem die Tiere frei herumlaufen. Der Fährtenleser vorn auf dem Jeep spürt sie aber häufig auf, die „Big Five" oder die anderen interessanten Tiere, und die Jeeps der Wildhüter dürfen hier in den privaten Farmen kreuz und quer durchs Gelände fahren. Deshalb ist die Chance, dicht an die Tiere heranzukommen, hier weitaus größer als etwa im Krüger-Nationalpark.

Anreise

Wir verlassen den Krüger Nationalpark durch die Paul Krüger Gate und sind dann auf der R 536 Richtung Hazyview. 8,5 km hinter dem Parkausgang geht rechts eine Schotterpiste ab, es ist der zweite Weg nach rechts. Ein Wegweiser zeigt das „Sabi Sand Game Reserve" an. Ein Wachmann öffnet unaufgefordert ein eisernes Schiebegitter, und dann folgen 30 km schreckliche Schotterpiste, die für einen normalen Pkw sicher nicht so schrecklich ist, mit dem Wohnmobil ist es jedoch ein Horror-Trip, und nur die Aussicht auf den Komfort der Game Loge ermuntert uns, die Reise durch Millionen Schlaglöcher und dichte Staubwolken fortzusetzen.

Zur rechten Hand liegen die Dörfer Huntington Village und Justicia Village, es schaut sehr ärmlich aus, und an einer Wasserstelle versammeln sich die Frauen, um Trinkwasser in großen Gefäßen zu holen und es über viele Kilometer in ihre Hütten zu schleppen. Nach 13,6 Schotter- und Staubkilometern kommen wir bei Newington an die Pforte zum Sabi Sand Reservat. Diese öffnet sich erst, nachdem wir 30 Rand Eintritt gezahlt haben.

Auf den Wegweisern lesen wir die Namen der anderen Lodges in diesem Gebiet am Westrand des Krügerparks: Sabi Sabi River Lodge ganz im Süden, Sabi Sabi Bush Lodge und Sabi Sabi Selati Lodge etwas weiter nördlich, und dann die Game Lodges am Sand River mit den Namen Mala Mala, Londolozi, Exeter, Inyati und Ulusaba Game Lodge. Schließlich stehen wir vor dem Tor „unserer" Game Lodge, diese ist für unser Wohnmobil viel zu klein, solchen Besuch hat man hier nicht alle Tage. Wir nehmen den Lie-

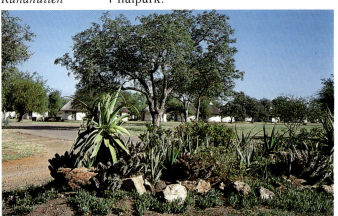

Diese beiden Löwinnen lassen sich durch die grellen Scheinwerfer des Scouts gar nicht stören

feranteneingang und stehen endlich sicher auf dem Parkplatz innerhalb des Camps. Dann beginnt der Luxus, und wir werden wirklich verwöhnt.

Leider kommen wir zu spät, denn das Geschuckel hat uns doppelt so viel Zeit gekostet, wie veranschlagt war. Cocktail und Mittagessen haben wir schon verpasst, aber beim Tee auf der Veranda sind wir dabei, schließlich wollen wir nicht alle kulinarischen Genüsse verpassen. Um 16:30 Uhr starten wir im offenen Jeep zur Abendpirsch. Diese Fahrt ist wirklich ein Erlebnis, denn der Fährtenleser auf einem Spezialsitz ganz vorn auf der Motorhaube dirigiert den Fahrer zu den Stellen, wo sich die Tiere gerade aufhalten, wobei es der besondere Stolz der Ranger ist, uns die „Big Five" zu zeigen. Mit Funkgeräten sind sie mit den anderen Jeeps verbunden, so dass sich die Ranger gegenseitig auf die gerade günstigsten Beobachtungsmöglichkeiten aufmerksam machen können.

Die Fahrt wird einmal unterbrochen, um mitten in der Wildnis einen Drink einzunehmen und erste Erfahrungen auszutauschen, denn während der Fahrt soll man sich nicht laut unterhalten. Man darf im Jeep auch nicht aufstehen oder sich hinauslehnen, denn die Tiere kennen diese Fahrzeuge genau so wie sie aussehen, und jede Veränderung in der Form oder im Geräusch würde sie irritieren.

Gegen 20 Uhr gibt es dann ein Abendessen unter freiem Himmel, am Grillfeuer, mit jeder Menge Jägerlatein der Ranger.

Der nächste Tag beginnt um 5:30 Uhr mit einem Kaffee auf der Veranda und anschließender Morgenpirsch im Jeep. Auch hier geht es wieder spannend zu: wird der Fährtenleser die Tiere aufspüren? Mit etwas Glück finden wir sie alle, und gegen 9 Uhr geht es ins Camp zurück zum Frühstück auf der Veranda. Anschließend hat man die Möglichkeit, an einer Wanderung mit seinem Ranger teilzunehmen, sie dauert etwa 1 ½ Stunden. Check-out ist jedoch um 10 Uhr, wer an dieser Wanderung teilnimmt, kann nicht mehr in sein Chalet zurück, es sei denn, er hat mehr als eine Nacht gebucht.

Und nun noch eine kleine Anmerkung für Nicht-Wohnmobilfahrer: Man muss sich nicht unbedingt auf der Schotterpiste durchschütteln lassen. Die Inyati Lodge hat auch einen Flugplatz! Von Johannesburg aus gibt es Charterflüge, das dauert eine Stunde. Es gibt außerdem Linienflüge ab Johannesburg nach Skukuza oder von Durban nach Nelspruit. In Skukuza wird man von einem Inyati-Bus abgeholt – bequemer geht's nicht.

Gönnen Sie sich zwei schöne Tage auf einer der privaten Game Lodges und lauschen Sie den Stimmen der Wildnis bei der Abend- und Morgenpirsch – Sie werden dieses Erlebnis bestimmt nie vergessen!

Krüger Nationalpark

Lage:
Im Nordosten von Südafrika, an der Grenze zu Mosambik, 350 km lang in Nord-Süd-Richtung.

Provinz: Nord- und Ost-Transvaal

Größe: 1.948.500 ha

Gegründet: *31. Mai 1926*

Geöffnet:
Tägl. 5:30 bzw. 6:30 bis 17:30 bzw. 18:30 Uhr, je nach Jahreszeit

Auskunft
Kruger National Park Board
P.O. Box 787, Pretoria 0001
Tel.: (0 12) 3 43 19 91, Fax: 3 43 20 06

Übernachten
Safari Lodge
P.O. Box 79, Hazyview 1242
Tel.: (0 13) 1 76 71 13, Fax: 1 76 72 58
DZ 150–200 R/Person.

Karos Lodge
P.O. Box 54, Hazyview 1242
Tel.: (0 13) 1 16 56 71, Fax: 1 16 56 76
DZ 300–400 R/Person.

Buhala Country House
P.O. Box 165, Malelane 1320
Tel.: (0 13) 7 90 48 90, Fax: 7 90 43 06
DZ 300–400 R/Person.

Olifants Rest Camp
Im Park, am Olifants River
Buchung über Nat. Park Board
P.O. Box 787, Pretoria 0001
Tel.: (0 12) 3 43 19 91, Fax: 3 43 20 06
Rondavel 120–180 R/Person.

Auch die weiteren Camps im Park sind über das Nat. Park Board zu buchen.

Camping
Camp Pretoriuskop
P.O. Box 787, Pretoria 0001
Tel.: (0 12) 3 43 97 70, Fax: 3 43 20 06
50 R/Nacht

Essen & Trinken
Sabi Sabi Game Lodge
Paul Krüger Gate, Skukuza 1350
Tel.: (0 11) 4 83 39 39

Malelane Lodge
Malelane Gate Road, Malelane 1320
Tel.: (0 13) 1 33 22 94

Besichtigungen
Tierbeobachtungen im eigenen Wagen oder auf geführten Touren. Da das Verlassen des Fahrzeugs nicht gestattet ist, gibt es keine Wandermöglichkeit (ausgenommen einige geführte Touren).

Eintritt
Erwachsene 25 R (bei Übernachtung 10 R)
Kinder 10 R (7,50R)
Pkw 25 R, Wohnmobil 30 R,
jeweils für die Dauer des Aufenthalts.

Auskunft
Inyati Game Lodge – Head Office
Suite 104 Willow Brook
Willow Brook Close
Melrose North Johannesburg
P.O. Box 38838
Booysens 2016
Tel.: (0 11) 8 80 59 50, Fax: 7 88 24 06

Lodge:
P.O. Box 9, Skukuza 1350
Tel.: (0 13) 7 35 51 25, Fax: 7 35 53 81

Durch das Land der Swazi

Nach den wunderschönen Erlebnissen im Krüger Nationalpark und auf der Inyati Game Lodge beginnen wir jetzt unsere Reise nach Süden. Dabei stoßen wir nur etwa 40 km südlich vom Krügerpark auf ein Königreich, das nicht größer ist als Schleswig-Holstein und im Norden, Westen und Süden von der Republik Südafrika umschlossen wird. Die östliche Begrenzung bildet Mosambik.

Swasiland, *Swaziland* (engl.) oder Ngwane (in der Landessprache) heißt dieses Königreich und ist mit 17.364 km² der zweitkleinste Staat Afrikas. Nur Gambia (10.703 km²) ist kleiner. Regiert wird es seit 1986 von König Mswati III.

Die Bewohner des kleinen Staates sind zu 95% Swazi, etwa 3% andere afrikanische Stämme, ca. 1% Europäer sowie Mischlinge und Asiaten. Insgesamt sind es ca. 900.000, das Bevölkerungswachstum ist relativ hoch. Die Bevölkerungsdichte ist mit 51 Einwohnern pro km² recht gering (zum Vergleich: Deutschland 220 Einw./km²). Zwei Drittel der Bevölkerung arbeiten in der Landwirtschaft, viele sind noch heute Analphabeten.

58% der Bevölkerung ist protestantisch (African Apostolic Church), 7% katholisch, und 35% gehören Bantu-Religionen an.

Die Amtssprache in Swasiland ist Swasi (Siswati), sie ist wie das Zulu und das Xhosa eine Bantusprache. Unterrichts- und zum Teil auch Verwaltungssprache ist Englisch, es wird aber nicht überall gesprochen und verstanden.

Die im 19. Jahrhundert entstandene Nation der Swazi wurde 1907 britisches Protektorat. Mit der Unabhängigkeit 1968 erhielt das Land eine eigene Verfassung, die aber bereits 1973 vom damaligen König Sobhuza II. außer Kraft gesetzt wurde. 1979 trat an ihre Stelle eine neue, bis heute gültige Verfassung.

In der Monarchie Swaziland ernennt das Staatsoberhaupt, der König, den Premierminister, der gleichzeitig Regierungschef ist. Es gibt auch ein Parlament aus Abgeordnetenhaus und Senat, dieses hat aber nur beratende Funktion.

Landschaft und Klima

Der Westen des Landes ist gebirgig mit Höhen zwischen 1.000 und 1.800 m ü.d.M. (Highveld). Der höchste Punkt ist der Emlembe mit 1.862 m. Es gibt genügend Regen, das Land ist von Flüssen durchzogen und durch frühzeitige Aufforstung dicht bewaldet. Das Land fällt dann nach Osten hin ab, das anschließende „Middleveld" in Höhenlagen zwischen 500 und 1.000 m ist hügelig und fruchtbar und relativ dicht besiedelt. Das anschließende fruchtbare „Lowveld" liegt in Höhen zwischen 200 und 300 m und wird durch die typische Savannenlandschaft geprägt. Den Abschluss nach Osten bis zur Grenze nach Mosambik bilden die Lubombo-Berge mit 600–800 m.

Ähnlich dem geographischen Verlauf verhält sich auch das Klima: Das subtropische Klima ist im hoch gelegenen Westen gemäßigt mit hohen Niederschlägen. Der zentrale Teil des Landes hat ebenfalls genügend Niederschlag und bildet mit seinen fruchtbaren Böden das Hauptanbaugebiet der Landwirtschaft. Der Regen fällt in den Sommermonaten Oktober bis März. Der tiefer gelegene Osten hingegen ist heiß und trocken, hier ist Landwirtschaft nur durch künstliche Bewässerung möglich. Im Sommer werden Temperaturen um 40 Grad erreicht.

Fauna und Flora
Auch die Vegetation folgt den geographischen Gegebenheiten: Das Highveld ist Graslandschaft und dank der intensiven Aufforstung in den 40er Jahren zu großen Teilen mit Eucalyptusbäumen und Kiefern bewachsen. Im Middleveld finden wir die typischen Schirmakazien, und die Savanne des Lowvelds ist durch die vielen Dornbüsche charakterisiert.

Auch in Swaziland gibt es die herrlichen Proteas und den Leadwood-Baum, dessen Äste wirklich so schwer wie Blei sind.

Tiere bekommen wir hier, bis auf Hunde und Katzen, nur in den sehr schönen Tierparks zu sehen. Sie wurden in diese Parks z.T. aus weiter Ferne importiert. Die größeren dieser Parks sind das Malolotja Nature Reserve im Nordwesten von Mbabane, das Mlilwane Game Reserve südlich von Mbabane, der Hlane Royal National Park und das Mlawula Game Reserve im Nordosten und das Mkhaya Nature Reserve bei Big Bend.

Das *Malolotja Nature Reserve* hat eine Größe von 18.000 ha und bietet imposante Wanderungen durch die herrli-

Auf dem Swazimarkt bekommt man kunstgewerbliche Artikel jeder Art

Durch das Land der Swazi

che Bergwelt. Der Malolotja Wasserfall ist mit 95 m der höchste Wasserfall in Swaziland. Außer für Wanderungen, Klettertouren und Tierbeobachtungen ist dieses Gebiet bekannt für seine fischreichen und klaren Flüsse mit Möglichkeiten zum Forellenfischen.

Das *Mlilwane Game Reserve* ist 4.450 ha groß und liegt in einer Höhe von 670 bis 1.450 m. Auch hier bekommt man die für uns so interessanten Tiere wie Giraffen, Zebras, Krokodile, Leoparden und Nilpferde zu sehen, letztere besonders schön von der über dem Wasser hängenden Veranda des „Hippo Haunt Restaurant" im Rest Camp des Parks.

Der größte Park in Swaziland ist der *Hlane Royal National Park* mit 30.000 ha. Hier gibt es riesige Herden von Zebras und Impalas sowie gute Bestände von Elefanten, Giraffen und Leoparden, und die Chance, die „Big Five" zu sehen, ist hier besonders groß.

Das *Mlawula Nature Reserve* ist 18.000 ha groß und liegt im Bergland an der Grenze zu Mosambik. Hier gibt es eine Unzahl von Vogelarten und den recht seltenen *Samango-Affen*.

Wirtschaft

Das Wirtschaftsaufkommen des Landes erbringen nicht die in der heimischen Landwirtschaft Beschäftigten, sondern die vielen tausend Wanderarbeiter, die ihr Geld in den Minen von Südafrika verdienen. Ein großer Teil der landwirtschaftlichen Fläche ist vom König an die Bauern verpachtet und dient der Selbsternährung, wobei die traditionellen Grundnahrungsmittel Mais und Hirse sind. Große Teile z.T. guten Ackerlandes werden jedoch für die Viehzucht verwendet, weil die Swazi-Bauern lieber Vieh züchten als Ackerbau zu betreiben. Daher hat Swaziland einerseits einen zu großen Rinderbestand, andererseits muss Mais aus Südafrika zugekauft werden. Die Regierung bemüht sich, dieses Missverhältnis durch Subventionen u.Ä. auszugleichen, jedoch nimmt der Rinderbestand bisher nur sehr zögerlich ab. Ein großer Teil der landwirtschaftlichen Fläche ist in ausländischem Besitz, hier wird für den Export produziert, hauptsächlich Zuckerrohr, Zitrusfrüchte und Baumwolle.

Die Industrie macht nur etwa ein Drittel der Wirtschaft aus. Der größte Teil davon befasst sich mit der Weiterverarbeitung der landwirtschaftlichen Produkte, so gibt es 3 Zuckerfabriken, eine Konservenfabrik und 2 Papierfabriken, deren Erzeugnisse zum größten Teil für den Export bestimmt sind. Bei Mpaka gibt es ein Kohlebergwerk, das Kohle zur Stromerzeugung fördert, ein Eisenbergwerk wurde 1978 wegen Unrentabilität geschlossen, und das Asbestwerk bei Bulembu hat wegen des stark fallenden Bedarfs an Asbest große Absatzschwierigkeiten. Da Swaziland außer Kohle keine Vorräte an fossilen Brennstoffen hat, wird die Hälfte des Strombedarfs aus Südafrika importiert.

Die Wildreservate, die beeindruckende Bergwelt des Highveld und die farbenfrohen Trachten der Einheimischen, die zu vielen traditionellen Anlässen, aber auch im täglichen Leben getragen werden, ziehen viele Touristen an, obgleich Swaziland nicht als Touristenland bezeichnet werden kann. Allerdings gibt es in den Städten gute Hotels und Restaurants, einige Lodges sind sogar ausgesprochen luxuriös und auch das Straßennetz ist brauchbar.

Durch das Land der Swazi

Schwierig ist die Reisevorbereitung, da sich die Visabestimmungen mitunter ändern. Mal braucht man eins, mal braucht man keins, mal gibt's das Visum gleich, mal muss man längere Zeit drauf warten. Sie sollten sich vor Antritt der Reise bei SARTOC oder SATOUR nach den aktuellen Bestimmungen erkundigen.

Sehenswertes

Von unserer letzten Station, der Inyati Game Lodge, sind wir zunächst über die Schotterpiste zurückgefahren zur R 536. Über Hazyview treffen wir auf der R 538 bei Nelspruit dann auf die N 4. Auf der N 4 fahren wir 26 km bis Kaapmuiden, dort geht es auf der R 38 weiter bis Barberton. Hier müssen wir uns entscheiden, ob wir die kürzere Strecke durch Swaziland fahren oder das Königreich lieber auf südafrikanischer Seite umfahren wollen.

Die Umfahrung wird weiter unten beschrieben, wir beschließen also mutig, nach Swaziland einzureisen.

Wir nehmen die R 40 nach Bulembu. Kurz hinter dem Ort Barberton steigt die Straße steil an, und es geht hinauf zum *Saddleback-Pass*. Von hier hat man einen schönen Blick in das Tal von Barberton, oben erreichen wir die Aufforstungsgebiete von Nordwest-Swaziland. Auf der Passhöhe ist den Straßenbauern offensichtlich der Asphalt ausgegangen, die Straße wird bis Pigg's Peak als Schotterpiste fortgeführt. In der Regenzeit sollten Sie sich vorher nach dem Straßenzustand erkundigen, besonders mit dem Wohnmobil könnte es unangenehm werden. In diesem Falle müsste man von Norden her über die R 570 bei Jeppe's Reef einreisen.

Die Grenze ist von Barberton aus nach 35 km erreicht. Nach Erledigung der Formalitäten (Reisepass, manchmal Visum, manchmal Autopapiere und Fahrerlaubnis) fahren wir die kurze Strecke bis zum ersten Ort in Swaziland, das ist *Bulembo*. Hier befindet sich eine der fünf größten Asbestminen der Welt. Sie wurde nach dem früheren Gouverneur von Natal *Havelock Mine* benannt. Auch hier hatte man zunächst Gold gefunden, die Vorräte waren aber nach 30 Jahren erschöpft. Jetzt fördert eine kanadische Firma Asbest, dazu wurde von der Mine bis in die Stadt eine Transportseilbahn gebaut, der wir auf der Schotterstraße mehrmals begegnen. Die Bahn ist 20 km lang und schwebt in etwa 5 m Höhe. Die Mine hat heute wirtschaftliche Schwierigkeiten, da Asbest nicht mehr so gefragt ist wie früher.

Dann sind es noch 19 km auf der Schotterstraße bis *Pigg's Peak*. Dieser kleine Ort verdankt sein Dasein dem Gold, welches man hier im Jahre 1881 fand. Der Franzose William Pigg entdeckte drei Jahre später eine riesige Goldmine, die 80 Jahre lang ausgebeutet wurde und über viele Jahre die größte des Landes war. Sie ist inzwischen erschöpft, aber da der Ort inmitten einer dichten Waldregion liegt, hat er sich jetzt zu einem Zentrum der Holzindustrie entwickelt. Es gibt Geschäfte, einen kunsthandwerklichen Markt und ein sehr schönes Viersterne-Casinohotel, das „Pigg's Peak Protea Hotel", allerdings 12 km nördlich vom Ortskern. Wer diesen Abstecher nach Norden machen möchte, sollte dann aber unbedingt die *Phophonyane-Wasserfälle* besichtigen, die kurz vor dem Proteahotel über eine

Die Protea – auch in Swaziland ist sie zu Hause

kurze Schotterpiste zu erreichen sind. Das Gebiet ist landschaftlich sehr reizvoll, und ganz in der Nähe liegt auch die wunderschöne Phophonyane Lodge, in der man sehr schön wohnen kann, der Besitzer macht mit seinen Gästen auch Ausflüge in die Umgebung. Reservierung ist unbedingt notwendig (Tel. 0687-1329, Fax 0687-1319).

Von Pigg's Peak geht es dann auf einer gut ausgebauten, kurvenreichen Bergstraße nach Mbabane, der Hauptstadt des Königreiches. Der Weg führt durch eine der schönsten Hügellandschaften Afrikas. Etwa 25 km vor der Stadt liegt bei Forbes Reef der Eingang zum *Malolotja Nature Reserve*.

Dieser 18.000 ha große Park hat eine reichhaltige Vegetation und beherbergt neben Zebras und anderen Savannentieren besonders viele Reptilien, vor allem Schlangen. Im südlichen Teil gibt es die wahrscheinlich älteste Mine der Welt, die *Ngwenya Mine,* in der schon vor 45.000 Jahren Bergbau betrieben wurde. Auch Eisenerz wurde bis vor kurzem gefördert, der Betrieb wurde aber 1978 eingestellt. Die Mine kann man nach Anmeldung bei der Parkverwaltung besichtigen.

Nach einer Fahrstrecke von insgesamt 64 km ab Pigg's Peak kommen wir in die Hauptstadt von Swaziland, *Mbabane.*

Dieser Ort verdankt sein Entstehen nur indirekt dem Goldrausch. Man fand hier zwar kein Gold, aber viele Goldsucher zogen die Straße entlang auf der Suche nach ihrem Glück. So errichtete 1888 ein pfiffiger Bursche namens Michael Wells hier einen Laden und eine Kneipe, die beide sehr gut florierten. Bald entstand ein kleines Dorf, und die Briten verlagerten 1903 ihren Verwaltungssitz in die aufstrebende Stadt. Heute hat sie 52.000 Einwohner und im Zentrum viele moderne Gebäude. Die Bebauung ist aber sehr weitläufig, da die Swazi es lieben, kleine Gärten an ihren Häusern zu haben, in denen sie die Grundnahrungsmittel selbst erzeugen können. Die Haupteinkaufsstraße heißt Allister Miller Street, die Touristen streben aber in den Süden dieser Straße, zum *Swazi-Market,* dort gibt es heimische handwerkliche Produkte, bunte Stoffe, Obst, Gemüse und vieles mehr. Wer nichts kauft, kann sich trotzdem an dem bunten Treiben erfreuen.

Spielerseelen kommen auf ihre Kosten in *Ezulwini*, der nächsten Stadt südlich von Mbabane. Hier gibt es viele gute Hotels, unzählige Kunsthandwerk-Läden und im Royal Swazi ein Spielcasino. Glücksspielhungrige Südafrikaner fallen hier jede Nacht ein, um ihr Glück zu versuchen, denn das Glücksspiel ist in Südafrika verboten (neuere Ausnahme ist das im Norden von Johannesburg gelegene Sun City).

Ezulwini liegt am Rande des *Mlilwane Wildlife Sanctuary*. Das Gelände des Wildparks war früher in Privatbesitz. Die Eigentümer Terence und Elizabeth Reilly besaßen hier eine Farm, die sie mit der Unterstützung von König Sobhuza II. in ein Tierschutzgebiet umwandelten und 1964 dem Staat schenkten. Durch Spendengelder konnte der Park dann auf seine heutige Größe von 4.500 ha erweitert werden. Die Tiere und zum Teil auch die Pflanzen wurden anfänglich aus entfernten Gebieten hierher gebracht, weil die heimische Tierwelt nicht sehr üppig war. Heute leben im Park 470 Vogelarten, außerdem Zebras, Nashörner, Giraffen, Antilopen u. a.

Den Park kann man auf einem Straßennetz erkunden, übernachten kann man in Chalets oder auf einem Campingplatz. Auch geführte Touren werden angeboten.

In einem Königreich muss es auch einen Königspalast geben. Wir können

Durch das Land der Swazi

Schirmakazien, Berge und blauer Himmel – Natur im südlichen Afrika

Durch das Land der Swazi

ihn ca. 10 km südlich von Ezulwini sehen, und zwar im *Lobamba Royal Village*. Hier, im wunderschönen Ezulwini-Tal, befindet sich der Embo State Palace, der Königspalast und das State House, das erst 1978 erbaut wurde. Beide Gebäude können aber nicht besichtigt werden. Wohl dagegen das Parlament, das 1979 erbaut wurde. Weiterhin gibt es ein großes Stadion und das National Museum, in dem man viel über die Kultur der Swazi erfahren kann.

Die nächste größere Stadt auf unserer Reise durch Swaziland ist *Manzini*, 15 km östlich von Lobamba. Auch dieser Ort entstand aus einem Laden, um den sich ein kleines Dorf ansiedelte. Ein Mann namens Bremer kaufte später das Gelände und baute darauf ein Hotel. Allmählich entwickelte sich daraus die Ortschaft Bremersdorp, die 1890 sogar Hauptstadt von Swaziland wurde, allerdings nur für wenige Jahre. Erst 1960 wurde der Ort umgetauft in Manzini. Zu sehen gibt's wenig, und wir setzen unsere Fahrt durch das Königreich fort über Sipofaneni (47 km), Big Bend (35 km), wo es auch nichts zu sehen gibt, und Nsoko (37 km) bis Lavumisa (34 km), dem Grenzort nach Südafrika. Golela liegt auf der anderen Seite, und nach weiteren 9 km sind wir an der N 2, auf der wir zum St. Lucia Wetland Park fahren (174 km bis St. Lucia).

Die Gesamtstrecke von der Inyati Lodge bis St. Lucia beträgt 700 km, eine Übernachtung empfiehlt sich deshalb in Ezulwini. Eine Möglichkeit dort wäre im Casino-Hotel Royal Swazi Sun an der Straße Mbabane-Manzini, Tel. (0268) 61001, Fax 61859; 250–300 Rand.

Swaziland-Umgehung

Wer sich in Barberton entschließt, Swaziland zu umfahren, bleibt auf der R 38 und fährt durch den hübschen, sauberen Ort, der mit vielen Blumen und bunt blühenden Bäumen geschmückt ist. Dann bringt uns die gut ausgebaute Straße hoch hinauf über die beiden Pässe Bothasnek- und Nelshoogte Pass und dann hinunter nach Badplaas, das sind ab Barberton 75 km.

Der kleine Ort Badplaas hat 22.000 Einwohner, liegt auf einer Höhe von 1.063 m ü.d.M. und ist eines der bekanntesten Thermalbäder Südafrikas. Vor dem Hintergrund der Hlumo-Hlumo-Berge ist der Ort wunderschön gelegen. Rechts von der Straße finden wir den Eingang zum Thermalgelände „Adventure SPA Badplaas". In dieser wirklich tollen Anlage gibt es Bungalows, einen gepflegten Campingplatz mit sehr guten Sanitäreinrichtungen und vier wunderschön gelegene Heilbecken.

Der Campingplatz ist allerdings mit 92 Rand nicht ganz billig.

Nach einem geruhsamen Abend in der Badeanlage starten wir am nächsten Morgen zur 462 Kilometer langen Fahrt nach St. Lucia im St. Lucia Wetland Park. Es geht zunächst durchs Gebirge, später dann durch Farmland über Amsterdam nach Piet Retief, dort stossen wir auf die N 2, auf der wir zügig vorankommen. Weiter geht es an der Südgrenze von Swaziland entlang, wo die Tour in der Nähe von Golela wieder auf die Swaziland-Route trifft. Bis St. Lucia sind es dann noch 174 km.

Swaziland

Lage:
Unabhängiges Königreich 30 km südlich vom Krüger Nationalpark.

Hauptstadt: Mbabane

Einwohner: ca. 900.000

Größe: 17.363 km^2

Auskunft
SARTOC
Southern African Regional Tourism Council
P.O. Box 600, Parklands/Johannesburg 2121
Tel.: (011) 7880742, Fax: 7881200

The Swaziland Tourism Office
P.O. Box 451, Swazi Plaza
Mbabane
Tel.: (0684) 2531

Botschaft der BRD
2nd Floor, Dhlan'ubeka House
Mbabane
Tel.: (0684) 3174

Visa
Bitte erkundigen Sie sich vor der Reise, ob Sie ein Visum benötigen. Die Bestimmungen ändern sich manchmal.

Sprache
Amtssprache Swasi (Siswati), Verwaltungssprache Englisch

Währung: Lilangeni, 1:1 zum Rand

Übernachten
Mountain Inn
Princess Drive, P.O. Box 223, Mbabane
Tel.: (0684) 2781, Fax: 5393
DZ 100–150 R/Person

Pigg's Peak Protea Hotel & Casino
P.O. Box 390, Pigg's Peak
Tel.: (0687) 1104, Fax: 1382
DZ 150–200 R/Person

Camping
Mlilwane Wild Life Sanctuary
P.O. Box 33, Mbabane
Tel.: (0683) 8239
40 R/Nacht

Essen & Trinken
La Casserole
The Mall, Mbabane
Tel.: (0684) 6426

Mocambique Motel and Restaurant
Mahleka Street, Manzini
Tel.: (0685) 2489

Egumeni Restaurant
Pigg's Peak Protea Hotel & Casino
Pigg's Peak, Tel.:(0687) 1104

Besichtigungen
* Pigg's Peak, Markt in Mbabane, Lobamba (mit Nationalmuseum, geöffnet täglich von 9–15:45 Uhr, Sa und So erst ab 10 Uhr), Manzini, Big Bend

Ost-Transvaal

Übernachten
Badplaas Valley Inn
P.O. Box 11, Badplaas 1190
Tel. & Fax: (017) 8441040
DZ 100–150 R/Person

Camping
Aventura SPA Badplaas
P.O. Box 15, Badplaas 1190
Tel.: (017) 8441033, Fax: 8441391
92 R/Nacht/DZ 100–150 R/Person

Durban – die Stadt am Indischen Ozean

Im Nordosten der Provinz KwaZulu/Natal liegt der größte natürliche Binnensee Südafrikas, der *Lake St. Lucia*. Er ist 60 km lang und bis zu 10 km breit, aber nur 1–2 Meter tief. Von der Küste des Indischen Ozeans ist er nur durch einen bewaldeten Dünengürtel getrennt. Gespeist wird der See durch drei Flüsse, nämlich Umfolozi, Mkuze und Hluhluwe. Im Süden des Sees gibt es einen 20 km langen Kanal, durch den er mit dem Ozean verbunden ist. Dadurch führt der See zum Teil Mischwasser und bildet damit einen idealen Lebensraum für zahlreiche Vogelarten. Zu ihnen zählen Flamingos und Pelikane, die man hier zu Tausenden beobachten kann, Ibisse, Störche, Seeschwalben und über 10 Reiherarten. Aber auch Flusspferde, Krokodile und Schildkröten fühlen sich in dem seichten Wasser sehr wohl. Antilopen gibt es ebenfalls in großer Zahl, außerdem Leoparden, Büffel und gelegentlich auch Nashörner.

Auf dem bis zu 120 m hohen Dünengürtel hat man über 400 Pflanzenarten gezählt. Vor der Düne gibt es weißen Sandstrand, und draußen im Meer zahlreiche Korallenriffe, in denen viele wunderschöne, farbenprächtige Fische leben.

Diese einzigartige Landschaft gilt es zu schützen, und so wurden der See, der darumgelagerte Landstreifen, der Dünen- und Strandbereich, ein 5,6 km breiter Meeresstreifen und einige bereits vorhandene kleinere Parks zu einem großen Naturschutzgebiet zusammengelegt. Das Naturreservat ist 370 km² groß und heißt *The Greater St. Lucia Wetland Park*. Die einzelnen Parks sind von Süden nach Norden: *Mapelane Nature Reserve*, südlich von St. Lucia, das *St. Lucia Marine Reserve* und das *Phinda Resource Reserve*, beide nördlich des Sees, das *Mkuzi Game Reserve* im Nordwesten und der *Sodwana Bay National Park* im Nordosten.

Etwas im Inland und westlich der N 2 liegen die beiden Wildparks *Umfolozi-* und *Hluhluwe Game Reserve*, diese gehören aber nicht zum Wetland Park. Alle Parks zusammen bieten eine Vielzahl von Aktivitäten und Tierbeobachtungsmöglichkeiten, vom Natal Parks Board werden z. B. Mehrtageswanderungen angeboten sowie Bootsfahrten, Tauchfahrten zu den Korallenriffen oder Hochsee-Angeltouren außerhalb der Schutzzone.

Südafrika ist so groß, dass man nicht alles auf einer drei- oder vierwöchigen Reise sehen kann. Auch hier müssen wir uns auf das Wesentliche konzentrieren und besuchen nur den Ort *St. Lucia*, dort im Zentrum nämlich starten die Boote durch das Seengebiet. Auf einer knapp zweistündigen Fahrt gleiten wir durch das flache Wasser, vorbei an Flusspferden, Krokodilen und vielen Vögeln.

Übernachten, speisen, tanken und einkaufen kann man alles in St. Lucia, wir erreichen den Ort von der N 2 aus über die R 618 ab Mtubatuba, das sind 25 km.

In den Sümpfen bei St. Lucia

Durban – die Stadt am Indischen Ozean

Von hier aus sind es dann noch 240 km bis Durban.

Durban

Durban ist nach Johannesburg und Pretoria die drittgrößte Stadt Südafrikas. Die Stadt hat den größten Hafen des Landes, sie ist ein wichtiger Industriestandort und gleichzeitig die bedeutendste Touristenstadt in Südafrika. So gemischt wie die Wirtschaft ist auch die Bevölkerung der Stadt: Weiße, Zulus und Inder leben bunt gemischt miteinander, wobei die Inder fast die Hälfte der Stadtbevölkerung ausmachen.

Geschichte

Durban wurde im Jahre 1835 gegründet, nachdem sich 12 Jahre zuvor die ersten britischen Kaufleute in der kleinen Bucht niedergelassen hatten. Entdeckt wurde die Bucht schon viel früher, nämlich 1497, von dem Portugiesen *Vasco da Gama*. Er nannte sie Port Natal, denn er hatte sie am Weihnachtstag (portug.: natal) erspäht. Natal heißt jetzt auch die ganze Region nördlich von Durban.

Die Bevölkerung der Region bestand bis zur Besiedlung durch britische Kaufleute Anfang des 19. Jahrhunderts ausschließlich aus Zulus. Es entwickelten sich rege Handelsbeziehungen, so dass es 1835 zur Gründung der Stadt kam. Sie erhielt den Namen des damaligen Kapgouverneurs: D'Urban. Schon wenige Jahre später gründeten Voortrekker unweit von Durban eine weitere Stadt: Pietermaritzburg. Es kam zunehmend zu blutigen Auseinandersetzungen zwischen Weißen und Zulus, die in der Schlacht und der Niederlage der Zulus am Blood River 1838 gipfelten.

Die Buren gründeten daraufhin die Voortrekker-Republik Natal. Durban erklärten sie zum Teil ihrer neuen Republik und zogen damit den Zorn der Briten auf sich. Jetzt bekämpften sich die Buren und die Briten, die Briten siegten, die Buren wichen nach Norden aus, und Natal wurde im Mai 1844 an die Kapkolonie angeschlossen. Damit begann der wirtschaftliche Aufschwung der Region und Durbans. Rings um die Stadt entstanden riesige Zuckerrohrplantagen, zu deren Bewirtschaftung Inder ins Land geholt wurden. Sie blieben im Lande und bilden heute fast 50% der ca. 809.000 Einwohner Durbans. Als dann 1860 die Stadt durch eine Eisenbahnlinie mit Kapstadt verbunden wurde, entwickelte sich Durban zum bedeutendsten Hafen des Landes.

Heute ist Durban eine lebendige Stadt mit vielen guten Hotels, breiten Straßen und einer bunt gemischten Bevölkerung. Am Stadtrand liegen zahlreiche Industriebetriebe, im Süden befindet sich der Hafen, und die Küste ist bekannt für ihre Strände und Vergnügungsorte. Dort und im Zentrum nördlich der Natal-Bay tummeln sich die 1,3 Millionen Touristen, die alljährlich Durban besuchen.

Leider werden durch diesen Trubel auch die unehrlichen Zeitgenossen angelockt, und nach Eintritt der Dunkelheit sollte man sich höchstens noch auf dem belebten Teil der „Goldenen Meile" aufhalten. Wer sein Auto in der Nacht nicht in einer gut beaufsichtigten Hotelgarage unterbringen kann, hat die gute Chance, es am nächsten Morgen vergeblich zu suchen oder es aufgebrochen und ausgeraubt vorzufinden.

Hafen

Der Hafen liegt geschützt in einer Bucht, der *Natal Bay*, die nur eine relativ schmale Einfahrt hat. Die nördliche Begrenzung dieser Einfahrt, „Point" genannt, ist gleichzeitig das Ende der „Goldenen Meile", der touristischen Flanier- und Amüsierzone.

Die Begrenzungszunge im Süden ist der Ausläufer der riesigen, bebauten Düne „The Bluff", mit schönen Stränden wie Treasure Beach, Brighton Beach, Ocean View u.a.

Das Hafenbecken bzw. die Natal Bay hat eine Fläche von 1.854 ha und über 15 km Hafenkais. Im Norden des Hafenbeckens, also unmittelbar ans Stadtzentrum anschließend, befinden sich die Jacht- und Sportboothäfen und die Anlegestellen für die Hafenrundfahrtschiffe. Am Ocean Terminal im Nordosten legen die großen Passagierschiffe an. Im Nordwesten des Hafenbeckens liegt der Bereich „Maydon Wharf" mit dem Containerhafen, den Trockendocks, dem Liegeplatz der Tiefsee-Fischereiflotte und dem Sugar Terminal. Der *Sugar Terminal* ist einer der größten Zuckerumschlagplätze der Welt. Pro Stunde können 800 t Zucker umgeladen und in drei mächtigen Silos über 520.000 t Zucker gelagert werden. Den an der Ecke Maydon- und Leuchars Street liegenden Sugar Terminal kann man besichtigen.

Wenn es Sie nun auch interessiert, wie der Zucker aus dem Zuckerrohr hergestellt wird, so können Sie dies bei einer Besichtigung der Zuckerfabrik in Illovo, 30 km südlich von Durban erfahren.

Beachfront

Das Leben der Touristen spielt sich hauptsächlich an der Beachfront, auf der „Goldenen Meile" ab, das ist der Strandabschnitt vom Snake Park im Norden bis zum South Beach Park im Süden.

Die Strandabschnitte in diesem Bereich heißen Bay of Plenty, North Beach, Dairy Beach, Wedge Beach und South Beach. Die Fußgängerpromenade ist 1,8 km lang (Goldene Meile), die parallel dazu verlaufende Fahrstraße ist die Marine Parade, an ihr liegen viele der großen Hotels.

Für den Besuch von Durban würde ich übrigens auch den Wohnmobilfahrern raten, sich in einem der Hotels einzumieten. Man spart sich morgens und abends die Fahrt zum Campingplatz, kann das rege Treiben auf der Promenade auch am (frühen) Abend noch genießen und hat vor allen Dingen keine Probleme mit dem sicheren Parken des Wohnmobils, denn dieses gibt man gegen ein kleines Trinkgeld in die sichere Obhut der Hotel-Security-Leute!

An der „Goldenen Meile" ist immer etwas los. Der Strand, die Zulufrauen mit ihren Handarbeiten und Schnitzwerken, und die fröhlichen Touristen bestimmen das Bild. Von Norden nach Süden reiht sich eine Attraktion an die andere.

Im *Snake Park* leben etwa 120 einheimische Schlangenarten, darunter auch Kobras und Mambas. Angeschlossen ist eine Schlangenforschungs- und Serumgewinnungsstation.

Gleich neben dem Schlangenpark, an der Snell Parade, liegt *Minitown*, Durban im Maßstab 1:25, mit dem Hafen, einem Jumbo Jet, dem Rathaus und vielen Hotels. Maduradam in Holland oder Lilleputthammer in Norwegen sind ähnliche Einrichtungen, ein netter Spaß für Groß und Klein.

Hier an der Snell Parade und auch wei-

Durban – die Stadt am Indischen Ozean

ter unten vor dem Aquarium bieten die *Rikscha-Fahrer* ihre Dienste an. Die bunt und phantasievoll geschmückten Rikscha-Fahrer mit ihrem riesigen Kopfschmuck und den kleinen, zweirädrigen Wägelchen sind eine Attraktion an der Beachfront und dienen heute mehr als Fotomotiv als zum Transport fußlahmer Touristen. Von den vielen hundert Rikschas der dreißiger Jahre sind nur etwa zwanzig übrig geblieben, und diese verdienen ihr Geld eigentlich mehr als Fotomodell. Deshalb sollten Sie beim Ablichten der Rikscha-Fahrer ein Trinkgeld nicht vergessen. Auch das Teleobjektiv und große Entfernung vom Objekt entbinden Sie nicht von dieser „Pflicht": Versteckte Helfer der Kostümträger erwischen Sie fast immer und erinnern Sie auf oft sehr lästige Weise an Ihre „Pflicht".

Dann kommen wir zu den *Amphitheatre Gardens,* einem Park mit subtropischen Pflanzen und Teichen, dort gibt es ständig Flohmärkte und Kunstmärkte.

Auf der Höhe des Parade Hotels liegt die *„Beach Sand Pumping Booster Station No. 4".* Das ist eine der Sand-Pumpstationen, denn der schöne Sandstrand wäre hier nicht so schön und nicht so breit, wenn der Sand nicht ständig in einer speziellen Aufbereitungsanlage am Hafen gereinigt und dann immer wieder neu aufgespült würde.

Im südlichen Teil der Goldenen Meile finden wir den Amüsierpark „Funworld" und das Sea World Aquarium. *Funworld* bietet unter anderem Karussells, Schwimm- und Planschbäder sowie einen Sessellift über das Gelände hinweg.

Funworld an der Goldenen Meile

Die großen Hotels an der Beachfront von Durban

Rikscha-Fahrer in Durban in ihrer reichgeschmückten „Berufsbekleidung"

Im *Sea World Aquarium* gibt es über 1.000 Fischarten und Meerestiere zu sehen. Besonders interessant sind natürlich die Haie, die gibt es hier übrigens auch im offenen Wasser. Die bewachten Badestrände sind aber durch Hainetze geschützt.

Den südlichen Abschluss der Goldenen Meile bildet der South Beach Playpark und auf gleicher Höhe am Strand das Freilichttheater *Little Top*. Hier finden u.a. die Schönheitswettbewerbe von Durban statt, die mitunter im Fernsehen übertragen werden.

Stadtrundfahrt

Die anderen Teile der Stadt erkundet man am besten auf einer geführten Stadtrundfahrt mit dem Bus. Es bereitet kein großes Vergnügen, mit dem Wohnmobil durch die Stadt zu kutschieren, und das Russisch-Roulette-Spiel, ob der Wagen aufgebrochen wurde oder nicht, kann sehr lästig werden. Ein Wohnmobil erweckt nun einmal die Begierden derjenigen, die Lebensmittel, Kleidung oder Kleingeld gut brauchen können.

Natürlich beginnt die Rundfahrt mit einer Fahrt entlang der Goldenen Meile. Dann wird uns gezeigt, wo die Leute einkaufen. „The Wheel" in der Nähe der Marine Parade hat über 150 Spezialgeschäfte und Restaurants. „The Workshop" in der Aliwal Street ist in einem viktorianischen Gebäude einer alten Eisenbahnreparaturwerkstatt untergebracht und hat 120 Geschäfte und Restaurants. Als Besonderheit wird im Prospekt angegeben: „24 Hour Security, Patrolling Bobbies"!

Das größte Einkaufszentrum ist „The Pavilion", das liegt aber in Westville im Nordwesten der Stadt und ist deshalb in die Stadtrundfahrt normalerweise nicht eingeschlossen. Dort gibt es 4.300 Parkplätze, 180 Geschäfte, Restaurants, Kinos, Banken und Unterhaltungseinrichtungen. Alle drei Einkaufszentren sind 7 Tage in der Woche geöffnet.

Dann geht es zum Hafen, dort verläuft am nördlichen Ufer die große, breite Straße „Victoria Embankment". Hier sehen wir die *Da Gama Clock*. Diese reich verzierte Uhr schenkte die portugiesische Regierung der Stadt zum 400. Jahrestag der Entdeckung der Natal-Bucht durch Vasco da Gama im Jahre 1497.

Ebenfalls an der Grünanlage zwischen der stark befahrenen Straße und dem Uferweg steht die *Dick King Statue*. Sie erinnert an Richard King (genannt Dick), der 1842, als Durban von den Buren belagert war, englische Hilfe aus dem rund 1.000 km entfernten Grahamstown holte.

Es geht dann die Gardiner Straße hoch, vorbei am Royal Hotel mit dem städtischen Informationszentrum. Gegenüber liegt das *African Arts Centre*, dort können Kunst- und handwerkliche Gegenstände der Zulus gekauft werden. Dann fahren wir eine Schleife durch das Zentrum. Dazu biegen wir rechts ab in die West Street und sehen zunächst an der linken Straßenecke das prächtige Gebäude des *General Post Office*. Es wurde 1885 erbaut und diente damals zunächst als Rathaus. Rechts sehen wir am Ende des Francis Farewell Square die *City Hall*. Sie wurde 1910 erbaut und ähnelt sehr dem Rathaus in Belfast. Säulen, Türmchen und Rundgänge verzieren das Gebäude, das sicher zu den schönsten in Durban gehört. Die „Krönung" ist eine gewaltige Kuppel aus Kupfer. Im Rathaus sind neben Büros der Stadt-

Durban – die Stadt am Indischen Ozean

Durban – die Stadt am Indischen Ozean

Die Gewürze auf dem Indian Market haben oft seltsame Namen: Schwiegermutters Höllenfeuer

verwaltung noch die städtische Bibliothek, die Durban Art Gallery und das Natural Science Museum untergebracht.

Wir biegen wieder links ein in die Aliwal Street und kommen nach der Überquerung der Commercial Street zu dem großen Einkaufszentrum *The Workshop* links und zum *Durban Exhibition Centre,* rechts gelegen. Am Ende dieses großen Komplexes muss man wegen des Einbahnstraßensystems eine Schleife fahren und kommt dann zum *Old Fort and Warrior's Gate* an der Old Fort Street. Das Fort liegt in einer schönen Gartenanlage und diente 1842 den englischen Einwohnern Durbans zum Schutz vor den Voortrekkern, die die Stadt belagerten.

Über die M 4 fahren wir dann westwärts bis zur Gray Street und diese wieder in Richtung Hafen. An der Ecke Victoria Street sollten Sie unbedingt einen Stopp einlegen, um den *Indian Market* oder auch *Victoria Street Market* zu besuchen. Der historische Indian Market ist vor einigen Jahren abgebrannt. In dem 1973 errichteten neuen Gebäude gibt es 180 Verkaufsstände, interessant sind die Gewürzstände mit Bergen von zum Teil exotischen Gewürzen, die man hier sehr preiswert erwerben kann. Viel fotografiert sind die Gewürze mit den Namen „Mother-in-law hell fire", „Father-in-law curry powder" oder „Mother-in-law exterminator", also ein Schwiegermutter-Ausrottungsgewürz.

Gegenüber, an der Ecke Grey- und Queen Street, steht die *Jumah Mosque,* die die größte und schönste Moschee der südlichen Halbkugel sein soll. Besichtigung ist nur nach voheriger Anmeldung möglich.

Die Grey Street heißt in ihrem weiteren Verlauf Broad Street und führt zum Victoria Embankment und zum Hafen zurück. Wir fahren rechts herum und die Russell Street wieder zurück, dann links in die St. Andrews Street. Dort finden wir in Nr. 31 das *Old House Museum,* ein original eingerichtetes Wohnhaus aus dem 19. Jahrhundert.

Die Sightseeingtour wird nicht exakt dieser Route folgen, ich habe die Rundfahrt aber so beschrieben, dass Sie sie auch mit Ihrem eigenen Pkw machen können und dabei die wichtigsten Gebäude und Parkanlagen der Stadt zu sehen bekommen.

Durban

Lage:
Hafenstadt am Indischen Ozean auf der Höhe von Lesotho. Drittgrößte Stadt Südafrikas.

Provinz: KwaZulu/Natal

Einwohner: 809.000

Auskunft
SATOUR
320 West Street
Durban 4000
Tel.: (031) 3047144, Fax: 3056693

Greater Durban Marketing Authority
22 Gardiner Street
Durban 4000
Tel.: (031) 3044934, Fax: 3046196

Übernachten
Holiday Inn Garden Court
P.O. Box 10809

Marine Parade 4056
Tel.: (031) 373341, Fax: 329885
DZ 318 R/Nacht

Camping
Ansteys Caravan Park
8 Anstey Road (Brighton Beach)
Durban 4052
Tel.: (031) 474061
50 R/Nacht

Essen & Trinken
British Middle East Sporting & Dining Club Rest.
16 Stamford Hill Road, Durban
Tel.: (031) 3094017
Indische Spezialitäten in einem alten Gebäude

RJ's Steakhouse
36 Gardiner Street, Durban 4001
Tel.: (031) 3048685
In allen Holiday Inn's, z.B. s. oben

Le St. Geran
31 Aliwal Street, Durban 4000
Tel.: (031) 3047509
Spitzenrestaurant französischer Küche

Besichtigungen
* Snake Park (geöffnet täglich von 9:00 bis 16:30 Uhr)
* Minitown (geöffnet täglich außer Mo von 9:30 bis 20:30 Uhr, So nur bis 17:30 Uhr)
* Old House Museum (geöffnet täglich von 8:30 bis 16:45 Uhr, So von 11 bis 17 Uhr)
* Stadtrundfahrt (z.B. von Sun Ride Safaris, 66 Hillcon Towers, Umhlanga Rocks 4320, Tel.: (031) 5615369. Buchung in jedem größeren Hotel, Dauer 3 Stunden, 90 Rand/Person, Abfahrt täglich um 8:45 Uhr)
* Hafen (Sugar Terminal Mo, Mi & Fr um 9:00, 11:00 und 14:30 Uhr Anmeldung unter (031) 3010331).
* Beach Front
* Evt. Zuckerfabrik in Illovo (Tel. (031) 96 33 10, nur in der Erntezeit (April–Sept.) in Betrieb.

St. Lucia Wetland Park

Auskunft
Natal Parks Board
P.O. Box 662
Pietermaritzburg 3200
Tel.: (0331) 471981

Camping
Eden Park, Sugar Loaf
St. Lucia Game Reserve
St. Lucia Estuary 3936
Tel.: (035) 5901340, Fax: 5901343. 50 R/Nacht

Besichtigungen
* Bootsfahrt $1^{3}/_{4}$ h (3-mal täglich), 30 Rand/Person
* St. Lucia Crocodile Centre

Im Tal der Tausend Hügel

Im Nordwesten von Durban, nur 35 km von der Küste entfernt, liegt eine wunderschöne Landschaft, deren Besuch in zweifacher Hinsicht interessant ist. Das spektakuläre *Valley of Thousand Hills*, das „Tal der Tausend Hügel", hat seinen Namen von den zahllosen sanft gerundeten Hügeln, die sich wie ein wogendes Meer vor dem Zuschauer ausbreiten und sich in der Ferne im blauen Dunst verlieren.

Diese Hügellandschaft erstreckt sich entlang dem Umgeni River zwischen der N 2 von Durban nach Pietermaritzburg und der R 614 von Ballito nach Pietermaritzburg.

Drei Seen, der Nagle-, Shongweni- und der Inanda-See, laden zum Picknick, zum Bootfahren, Fischen oder nur zum Beobachten der Vögel ein. Der Nagle-See ist ein Stausee des Umgeni River, der Durban mit Wasser versorgt. Der zweite Grund für den Besuch dieser Gegend sind ihre Menschen. Hier ist das Kernland der Zulus, wir sehen ihre Dörfer malerisch eingestreut in die Landschaft, und in vielen Orten gibt es Vorführungen mit Zulu-Tänzen in traditionellen Trachten.

Von Durban aus werden Bustouren ins Tal der Tausend Hügel angeboten. Sie können diese Tour natürlich auch selbst machen, wenn Sie etwas mehr als 3 Stunden Zeit haben, können Sie sie mit der Besichtigung von Pietermaritzburg und noch einigen anderen netten Orten verbinden, sehr schön ist auch die Kombination mit dem Besuch von Eshowe weiter im Norden, dazu ist allerdings eine Übernachtung zu empfehlen.

Für Selbstfahrer möchte ich diese drei Varianten beschreiben:

Die Rundfahrt

Wir verlassen Durban auf der M 13 (Jan Smuth Highway) in Richtung Kloof/Pietermaritzburg, kommen an einer Industriestadt mit dem Namen „New Germany" vorbei, halten uns aber immer auf der M 13 bis Kloof. Dort wechseln wir auf die M 33 (Kloof Falls Road) und folgen den Wegweisern zum *Krantzkloof Nature Reserve*, das ist ein kleines, nur 6 km² großes Naturschutzgebiet. Die *Kloof Falls* finden wir beim Eingang zum Reservat, dort stürzt der Umgeni River in die Tiefe. Große Tiere wie Elefanten oder Giraffen werden wir in dem Park aber nicht finden, dafür aber Herden von Zebras und Antilopen. Die M 33 mündet dann nach gut 10 km in die R 103 ein, das ist die Old Main Road, die alte Verbindungsstraße von Durban nach Pietermaritzburg. Diese Straße führt am Südende des Tals der Tausend Hügel entlang und bietet an verschiedenen Stellen herrliche Ausblicke in das Tal.

Unser erster Stop ist in *Hillcrest*. Von hier aus hat man schon einen schönen Blick über das Tal, am schönsten ist es aber einige Kilometer weiter in *Botha's Hill* sowie in den Nachbarorten Drummond und Crestholme. Die Einheimischen bieten ihre kunstgewerblichen Gegenstände an, meist Perlenstickereien und Holzschnitzarbeiten, und an etlichen Orten werden Zulutänze vorgeführt. Alle diese Folklore-

Läden, traditionellen Restaurants und Volkstanz-Bühnen liegen an der Old Main Road und sind leicht zu finden, z.B. „The Zulu" (Zulu Village and Traditional Dancing), „RavensCroft" (French Restaurant & Bistro with Views of Valley of 1000 Hills), „The Barn Owl Pottery" mit Töpfereibesichtigung oder „Intabamningi Craft Village" (Zulu Dancing, Crafters Workshop, Craft Shops). In Botha's Hill sollten Sie nicht versäumen, dem „Rob Roy Hotel" einen Besuch abzustatten. Man kann dort nicht nur sehr angenehm übernachten, sondern auch sehr schön essen oder auch nur einen Kaffee trinken. Beliebt ist Tea and Scones, weiche Gersten- oder Weizenmehlkuchen. Von der Terrasse hat man einen phantastischen Blick über das Tal der Tausend Hügel.

Kurz hinter Botha's Hill kommen wir in ein anderes Zuludorf, *PheZulu*. Auch hier gibt es täglich Tanzvorführungen.

Zwischen 9 und 16 Uhr werden täglich traditionelle Tänze aufgeführt, manchmal zeigt sich auch der „Witchdoctor"

Im Tal der Tausend Hügel

Im Nordwesten von Durban liegt eine wunderschöne Landschaft, das „Tal der Tausend Hügel"

Im Tal der Tausend Hügel

oder der Dorfälteste, manchmal wird eine Zulu-Hochzeit gezeigt oder man kann das Innere eines Rondavels anschauen. Auch in der Qualität der Darbietungen unterscheiden sich die Vorführungen, ich habe schöne gesehen, aber auch unheimlich kitschige!

Wir fahren dann weiter auf der R 103 in Richtung Pietermaritzburg. In Inchanga gibt es oberhalb der alten Bahnstation das Inchanga Hotel in einem historischen, hundert Jahre alten Gebäude. Etwas weiter, bei Cato Ridge, trifft die R 103 auf die N 3, vier Kilometer vorher jedoch können wir rechts abbiegen zum *Nagle Dam,* das ist der Stausee, aus dem Durban sein Trinkwasser bezieht. Der See liegt an dem 960 m hohen *Natal Table Mountain,* wenn wir den Gipfel besteigen, haben wir eine fantastische Aussicht auf das Tal der Tausend Hügel. Für den ca. 35 km langen Abstecher (hin und zurück) sollte man einige Zeit einplanen, besonders, wenn man den Berg besteigen will.

Auf der N 3 sind es dann nur noch ca. 40 km bis Pietermaritzburg. Man kann aber nach 12 km einen weiteren Abstecher nach Norden machen, zum *Natal Lion Park* (ausgeschildert), in dem die Chance, Löwen zu beobachten, recht groß ist.

Pietermaritzburg

Pietermaritzburg liegt 79 km von Durban entfernt an der N 3. Es ist die Hauptstadt der Provinz Kwazulu/Natal mit 134.000 Einwohnern und einem wunderschönen Rathaus.
Gegründet wurde die Stadt im Jahre 1838, nachdem die Buren die Zulus in der Schlacht am Blood River geschlagen hatten. Den Namen der Stadt setzten sie aus den Namen ihrer beiden Burenführer Piet Retief und Gerrit Maritz zusammen: Pieter-Maritz-Burg.

Pietermaritzburg ist eine hübsche Stadt. Es gibt etliche Parks und Gärten und viele gut erhaltene Gebäude aus der viktorianischen Zeit. Seit 1990 besitzt die Stadt eine sehr schöne Fußgängerzone im Zentrum, die Church Street wurde dazu neu gestaltet. Da sich die wichtigsten Sehenswürdigkeiten und Gebäude im Stadtkern um den Churchill Square und das Rathaus herum befinden, kann man die Stadt sehr gut auf einem kleinen Fußmarsch erkunden. Dazu wurde ein spezieller Spazierweg durch den Stadtkern angelegt. Informationsmaterial darüber erhält man im Publicity House gleich neben dem Rathaus. Hier gibt es auch ausreichend Parkmöglichkeit.

Das historische Rathaus oder *City Hall* steht genau im Stadtzentrum am Churchill Square. Es wurde 1893 erbaut und soll das größte Backsteinbauwerk der südlichen Halbkugel sein. Der Turm ist 47 m hoch und besitzt ein Glockenspiel aus 12 Glocken, die Fassade des Gebäudes aus roten Backsteinziegeln ist reich verziert. Auf der gegenüberliegenden Seite der Commercial Street steht ein weiterer prachtvoller Bau mit gusseisernen Balkonbrüstungen im ersten Stock, das Old Supreme Court Building. Früher war dieses das Gebäude des Gerichtshofes und der gesetzgebenden Versammlung, heute birgt es die *Tatham Art Galerie* mit einer kostbaren Gemäldesammlung alter und neuer Meister unter besonderer Berücksichtigung der südafrikanischen Kunst. Flankiert wird dieses Gebäude an der Commercial Street von der Post und dem Natal Museum im Osten und dem Old Colonial Building im Westen. Im *Natal Museum* sehen wir viele einheimische Tiere, Beiträge zur Völkergeschichte Südafrikas und besonders Natals sowie auch eine komplette rekonstruierte viktorianische Straße aus dem alten Pietermaritzburg. Das *Old Colonial Building* ist ein weiterer Bau im viktorianischen Stil, 1899 erbaut und früher von verschiedenen Abteilungen der Kolonialregierung benutzt.

Auf der dem Rathaus gegenüberliegenden Seite des Churchill Square steht das *Voortrekker Museum* und *Memorial Church*. Die Kirche wurde 1841 von den Buren gebaut zum Gedenken an die Schlacht am Blood River. Das Museum ist in dem daneben stehenden reetgedeckten Haus untergebracht, dort erfährt man eine Menge über die Voortrekker.

Damit haben wir einen Eindruck von Pietermaritzburg erhalten, einer der besterhaltenen Städte aus der viktorianischen Zeit.

Auf der N 3 fahren wir die knapp 80 km nach Durban zurück.

Die Zulus

Die Urbevölkerung von Südafrika, also die Menschen, die hier lebten, bevor die Bantu-Völker aus Ostafrika und die Weißen ins Land kamen, waren *Buschmänner* (San) und *Hottentotten* (Khoikhoin). Die Buschmänner waren Jäger und Sammler, die Hottentotten nomadische Hirten. Die Buschmänner sind kleinwüchsig, kaum einer wird über 1,60 m groß, und haben eine gelbliche Hautfarbe. Von ihnen stammen etliche tausend Felszeichnungen, von denen viele noch heute erhalten sind. Während die Hottentotten ganz ausgestorben sind, leben einige Buschmänner noch in der Kalahari-Wüste. Sie ernähren sich noch immer von der Jagd (Männer) und vom Beerensammeln (Frauen), wohnen in einfachen Grashütten und schießen noch mit Pfeil und Bogen. Es ist aber sicher nur noch eine Frage der Zeit, bis auch dieser Volksstamm der Zivilisation zum Opfer gefallen ist.

Seit dem 11. Jahrhundert sind Schwarze aus Ost- und Zentralafrika nach Südafrika eingewandert, sie bilden heute mit 69 % den größten Anteil der südafrikanischen Bevölkerung. Diese Einwanderer waren *Bantu*. Es gibt fünf Bantu-Gruppen: die Nguni, die Sotho, die Ovambo-Herero, die Venda und die Tsonga.

Die Tsonga zogen nach Transvaal, die Venda nach Nordtransvaal. Die Ovambo-Herero haben sich im heutigen Namibia angesiedelt. Die Nord-Sotho leben im Norden und Osten von Transvaal, die Süd-Sotho in Lesotho und dem Oranje-Freistaat, die West-Sotho, die auch Tswana genannt werden, zogen nach Botswana. Zu den Nguni gehören die Zulu, die Xhosa, Swasi und Ndebele.

Das größte Volk der Bantu sind die *Zulus* mit ca. 9 Millionen Angehörigen, die in etwa 200 Stämme unterteilt sind.

Die meisten Zulus leben in Zululand oder *Kwazulu,* das ist der nördliche Teil der Provinz Kwazulu/Natal, etwa nördlich der N 3. Die Stadt Ulundi war bis 1994 Hauptstadt des Homelands Kwazulu, heute ist das Gebiet mit Natal zusammengelegt zur Provinz Kwazulu/Natal mit Pietermaritzburg als Hauptstadt. Die Monarchie der Zulus ist jedoch als Konstitutionelle Monarchie in der Verfassung Südafrikas aufgenommen.

Im Tal der Tausend Hügel

Im Tal der Tausend Hügel

Die Polygamie ist bei den Zulus nicht nur zugelassen, sondern das traditionelle Heiratssystem. Durch die schwierigen wirtschaftlichen Verhältnisse bedingt, nimmt die Zahl der polygamen Ehen aber stark ab! Die Zulu betreiben Viehzucht, die Frauen fertigen wunderschöne Perlenstickereien an, und für die Touristen führen sie ihre Stammestänze auf.

Eshowe

Besuchern mit etwas mehr Zeit empfehlen wir einen Besuch der Gegend um Eshowe, 216 km nördlich von Durban, weil man auch dort einen guten Eindruck vom Leben der Zulus erhält. Man kann diese Gegend mit der Fahrt durch das Tal der Tausend Hügel und Pietermaritzburg kombinieren, muss dann allerdings einmal übernachten. Geschickter wäre es natürlich, wenn man den Abstecher nach Eshowe auf der Fahrt von St. Lucia nach Durban macht. In beiden Fällen aber nur für Reisende mit viel Zeit, in dem von uns vorgegebenen Terminplan sind Eshowe und Shakaland nicht enthalten!

Eshowe ist eine nette, kleine Stadt mit 15.000 Einwohnern und liegt mitten in dem riesigen Zuckerrohr-Anbaugebiet, 22 km abseits von der N 2, 216 km nördlich von Durban.

Auf verschiedenen Touren gewinnt man schöne Eindrücke von Zululand. Schön ist die Fahrt von Eshowe nach Empangeni über eine Schotterstraße, die 7 km nördlich von Eshowe von der R 68 abbiegt. Wir fahren durch riesige Zuckerrohrplantagen, die uns später auch auf unserem Weg nach Süden

Stammestänze der Zulus für Touristen

Im Tal der Tausend Hügel

Die weiß leuchtenden Rondavels der Zulus im Tal der Tausend Hügel

noch ein Stück begleiten. Hier fällt auf, dass das Zuckerrohr größtenteils von Hand geschnitten wird, hauptsächlich von Schwarzen und Indern. Dies sind in der Regel Arbeitsbeschaffungsmaßnahmen, um der Arbeitslosigkeit zu begegnen. Außerdem kann man dadurch Zuckerrohr auch in Gebieten anbauen, in denen man mit Erntemaschinen sonst Probleme hätte.

Die Weiterfahrt auf der Schotterstraße nach Empangeni ist landschaftlich nett, wenn man die Zeit dafür übrig hat.

Interessanter ist *Shakaland*, der Ort, der als Kulisse für die Filme „Shaka Zulu" und „John Ross" gebaut wurde. In einem nachgebauten Zulu-Dorf erleben wir Stammestänze und erfahren viel über das Leben und die Bräuche der Zulus. Im Shakaland-Hotel kann man gut übernachten.

Shakaland liegt nördlich von Eshowe an der R 68 und ist gut ausgeschildert. KwaBhekithunga heißt ein kleines Dorf, durch das wir kommen. Dort gibt es ein reichhaltiges Angebot an kunsthandwerklichen Gegenständen.

Auch in *Stewart's Farm* erlebt man Zulu-Tradition und Tänze, dies ist aber, im Gegensatz zu Shakaland, ein echtes Zuludorf. Wir finden die Farm bzw. das Zuludorf 30 km nördlich von Eshowe an der R 34.

Dingaane's Kraal ist für Reisende mit großem geschichtlichen Interesse und viel Zeit von Bedeutung. Diese historische Stätte liegt 80 km nördlich von Eshowe, ebenfalls an der R 34. König Dingaane, der Nachfolger von Shaka, hatte hier seinen Hauptsitz. Er ließ hier 1838 den Burenführer Piet Retief ermorden, sein Grab ist ganz in der Nähe.

Tal der Tausend Hügel

Lage:
Hügellandschaft nördlich von Durban, am Umgeni River.

Provinz: Kwazulu/Natal

Auskunft
Heritage Travel & Tours
60 Heritage Market
Hillcrest 3650
Tel.: (031) 7656868, Fax: 7656870

Durban Visitors Bureau
22 Gardiner Street
Durban 4000
Tel.: (031) 3044934, Fax: 3046196

Übernachten
Rob Roy Hotel
P.O. 10
Botha's Hill 3660
Tel.: (031) 7771305, Fax: 7771364
DZ 150–200 R/Person

Hillcrest Hotel
50 Old Main Rd.
Hillcrest 3650
Tel.: (031) 751295, Fax: 7655740
DZ 100–150 R/Person

George Hotel
P.O. 229
Eshowe 3815
Tel.: (0354) 74919, Fax: 41434
DZ 150–200 Rand/Person

Camping
Pietermaritzburg Caravan Park
P.O. 321
Pietermaritzburg 3200
Tel.: (0331) 65342, 50 R/Nacht

Eshowe Caravan Park
Saunders StreetEshowe 3815
Tel.: (0354) 41141, Fax: 74733
45 R/Nacht

Essen & Trinken
The Crayfish Tavern
Shop 40, Heritage Market
Hillcrest 3650
Tel.: (031) 7656968

Rob Roy Hotel
Botha's Hill 3660
Tel.: (031) 7771305
Tea & Scones

Besichtigungen
* The Zulu
  Zulu Village & Traditional Dancing
  Old Main Road, Botha's Hill 3660
  Tel.: (031) 7771000
* Intabaningi Craft Village
  Old Main Road, Botha's Hill 3660
  Tel.: (0325) 34392
* Assagay Safari Park
  5 Old Main Road, Botha's Hill 3660
  Tel.: (031) 7771208
* Rundfahrt durch das Tal der Tausend Hügel, z.B. mit Sun Ride Safaris, 66 Hillcon Towers, Umhlanga Rocks 4320, Tel.: (031) 5615369. Die Buchung kann in jedem größeren Hotel gemacht werden, die Rundfahrt dauert 3 Stunden, kostet 110 Rand/Person, Abfahrt ist täglich um 13:45 Uhr)
* Pietermaritzburg mit der Tatham Art Galerie (geöffnet Mo–Fr 10 bis 17 Uhr), dem Natal Museum (geöffnet täglich von 10 bis 16:30 Uhr, So von 14 bis 17 Uhr) und dem „Voortrekker Museum und Memorial Church" (geöffnet Mo–Fr 9 bis 13 Uhr, Sa 8 bis 12 Uhr).
* Evtl. Shakaland, Stewart's Farm, Dingane's Kraal

Transkei-Transit

Als ich 1979 zum ersten Mal nach Südafrika kam, fand ich in den Straßen Bänke mit der Aufschrift „Nur für Weiße", die öffentlichen Toiletten waren getrennt nach Schwarz und Weiß, und selbst das Voortrekker-Monument in Pretoria hatte getrennte Besuchszeiten für Schwarze und Weiße. Das war meine Begegnung mit der *Apartheid*, der Rassentrennung in Südafrika, die einer ihrer stärksten Verfechter, Premierminister Dr. Malans (1948–1954) beschrieb als „eine Welt, in der Schwarze und Weiße getrennt, aber gleichberechtigt leben".

Die Trennung funktionierte sehr gut, wie ich bei meinem ersten Besuch sehr schnell merkte, mit der Gleichberechtigung jedoch haperte es, nicht nur an einigen Ecken. Zahlreiche Apartheids-Gesetze sorgten dafür, dass die Schwarzen keinerlei Rechte hatten.

So kam die weiße Minderheitsregierung dann auf die nahe liegende Idee, die Schwarzen auch geographisch zu isolieren und, ähnlich wie die Indianer in Amerika, in Reservate zu stecken, wo sie sich selbst verwalten und ernähren sollten. Es wurden 10 „Heimatländer für Schwarze", sogenannte *Homelands* eingerichtet, wobei man wieder vergeblich nach der Gleichberechtigung sucht: 75% der Einwohner Südafrikas erhielten 13% der Landfläche als Homeland, außerdem waren einige Homelands sehr zerstückelt. Die Fläche der Zulus z.B. bestand aus 10 einzelnen Gebieten, so dass die Homelands eigentlich schon mit der Gründung zum Scheitern verurteilt waren.

Die Homelands lagen größtenteils im Nordosten Südafrikas, es waren dies die Staaten Bophuthatswana, Ciskei, GazanKulu, KaNgwane, KwaNdebele, KwaZulu, Lebowa, Quaqua, Transkei und Venda. Die Weißen dagegen, nur 25% der Gesamtbevölkerung, lebten in den vier Provinzen Kapprovinz, Oranje-Freistaat, Natal und Transvaal, die 87% der Gesamtfläche einnahmen. Korruption, finanzielle Verschuldung und mangelnde Wirtschaftskraft führten dazu, dass die Homelands bald die ärmsten Gebiete in Südafrika wurden und nur durch starke Unterstützung aus Pretoria überhaupt am Leben bleiben konnten. 70% der Familien lebten unterhalb der Armutsgrenze, viele Kinder starben an Unterernährung, bevor sie fünf Jahre alt wurden, und mit der Schulausbildung sah es ganz schlecht aus. Deshalb akzeptierten auch nur vier dieser Länder die Unabhängigkeit, die ihnen von der südafrikanischen Regierung 1976 angeboten wurde. Dieses waren die Transkei, Bophuthatswana, Venda und Ciskei, die sogenannten TBVC-Staaten. Sie waren also von Südafrika unabhängig, ihre Einwohner verloren die südafrikanische Staatsbürgerschaft, da diese Länder aber international nicht anerkannt wurden, waren ihre Bewohner praktisch staatenlos. Erst 1994, mit der Abschaffung der Rassentrennung, wurden die Homelands wieder aufgelöst und als jetzt wirklich gleichberechtigte Gebiete in die Republik Südafrika eingegliedert.

Anstelle der vier „weißen" Provinzen, der vier unabhängigen „schwarzen" Staaten und der sechs autonomen Homelands gibt es seit 1994 neun gemischtrassige Provinzen: West-Kap, Ost-Kap, Nord-Kap, Oranje-Freistaat,

Transkei-Transit

In der Transkei leben noch viele Menschen in den traditionellen Rundhütten

Nord-West, Kwazulu/Natal, Gauteng, Ost-Transvaal und Nord-Transvaal.

Das frühere unabhängige Homeland Transkei liegt in der heutigen Provinz Ost-Kap, hat aber eine gewisse Eigenständigkeit behalten. Es war das größte zusammenhängende Homeland und lag wie ein Keil zwischen den nördlichen Gebieten um Durban und den südlichen Gebieten der Garden Route. Zur Transkei gehört ein 280 km langer, herrlicher Küstenstreifen, der wegen seiner wilden Schönheit als *Wild Coast* bezeichnet wird. Im Nordwesten stößt die Transkei an das Königreich Lesotho an. Sie wird im Norden begrenzt durch den Fluss Umtamvuna bei Port Edward und im Süden durch den Kei River bei Qolora Mouth. Daher auch der Name Trans-kei, jenseits des Kei-Flusses.

Sicherheit
Die Transkei gilt leider immer noch nicht als ganz sicher.

Zwar ist nicht bekannt, dass dort Touristen verschleppt oder gar getötet wurden, aber von Diebstählen, Überfällen und Autoeinbrüchen wird immer wieder berichtet. Allerdings ist uns selbst und anderen Mitarbeitern unseres Verlages beim Transkei-Transit nichts passiert, im Gegenteil, die Menschen an den Tankstellen waren nett und freundlich.

Bezeichnenderweise machen aber die professionellen Reiseveranstalter fast alle einen „Hüpfer" mit dem Flugzeug über die Transkei.

Auch SATOUR selbst gibt in dem Faltblatt „Willkommen in Südafrika" vom Dezember 1997 den Rat: „Vor der Durchfahrt der ehemaligen Transkei (jetzt östliche Kapprovinz) sollte man Einheimische nach möglichen Risiken fragen. Im Zweifelsfall kann man die Strecke per Flugzeug bewältigen."

Ich kann und will die Probleme nicht bagatellisieren und Sie ermuntern, in diesem wirklich schönen Küstengebiet Ihren Urlaub zu verbringen. Andererseits besteht kein Grund, mit verkrampfter Seele auf den Tag X zu warten, an dem der Transkei-Transit gemacht werden muss: Wenn Sie ganz sicher gehen wollen, fahren Sie einfach durch, von Port Shepstone bis East London sind es 560 km, das ist an einem Tag zu schaffen. Und wenn Sie übernachten wollen oder müssen oder eine Kaffeepause einlegen wollen, so tun Sie das im Holiday Inn in Umtata, da passiert Ihnen nichts. Auch an den Tankstellen sind Sie sicher. Für die weniger Ängstlichen beschreibe ich die Landschaft, denn sie ist wunderschön, es gibt dort etliche Campingplätze, auf denen Ihnen wahrscheinlich nichts Böses passieren wird, und ich bin ziemlich sicher, dass Sie auch einen Abstecher zur Wild Coast gut überstehen werden!

Die Transkei im Transit
Bei Port Shepstone knickt die N 2 rechtwinklig von der Küste ab und führt uns 138 km ins Landesinnere, auf die Hochebene des Ost Griqualandes. Rechts von uns liegt das kleine Oribi Gorge Nature Reserve, später die Raddock Tea Factory, wir überqueren den Mzimkulwana River und erreichen nach 138 km *Kokstad*, den letzten Ort vor der Transkei. Da der Ort selbst 4 km von der N 2 entfernt liegt, sollten wir vorher schon vollgetankt haben, sonst müssen wir den Abstecher von zweimal 4 km machen. Jetzt führt die Straße wieder nach Süden, und nach 5 km erreichen wir die Grenze zur Transkei, die wir jedoch heute nicht mehr bemerken. Die Grenzkontrollen sind abgeschafft, und auch die N 2 ist inzwischen in gutem Zustand und flott befahrbar. Der Eingang zur Transkei liegt auf der Passhöhe *Brook's Nek*.

Dann beginnt eine wunderschöne Fahrt durch die „Rolling Hills", eine grüne Hügellandschaft in 700 bis etwas über 1.000 m Höhe, mit den Dörfern der Xhosa, die dieses Land bewohnen. Ein Maler muss diese Landschaft geschaffen haben, mit den wogenden, grünen Hügeln und den bunten Farbtupfern der Rondavels, deren Türen oft rot oder blau angemalt sind. Manche Bewohner haben sich auch die Mühe gemacht, die ganze Lehmhütte ockerfarben zu streichen. Das Leben ist hier für die Xhosa aber nicht leicht, auch heute noch nicht. Zwar hat man versucht, durch die Förderung der Industrie neue Arbeitsplätze zu schaffen, aber das hat nicht funktioniert. Die Frauen laufen oft kilometerweit, um Brennholz zu sammeln, denn Elektrizität gibt es in den abgelegenen Gebieten nicht. Auch das Wasser muss oft über weite Strecken herbeigeschafft werden. Die Frauen müssen außerdem die Felder bestellen und viele Haushaltsgegenstände anfertigen, wie z.B. Besen. Landarbeit ist nichts für Männer, ihr Ansehen wird an der Anzahl der Rinder gemessen, die sie besitzen. So ist auch fast das ganze Land überweidet, und weite Gebiete sind durch Erosion geschädigt. Auch den Brautpreis, *Lobola*, gibt es hier noch, natürlich wird er in Rindern gezahlt. Dahinter steckt aber ein verständlicher Grund: der Schwiegervater wird für den Verlust der Arbeitskraft entschädigt. Für Muße bleibt den Frauen wenig Zeit, und in diesen freien Minuten rauchen die Xhosa-Frauen gern aus langstieligen Pfeifen.

So fahren wir durch diese Landschaft, genießen die sich immer wieder auftuenden Ausblicke über das weite Hügelland, überqueren die Flüsse Tina und Tsitsa und sind gegen Mittag, nach einer Fahrt von 323 km ab Port Shepstone, in Umtata (Betonung auf dem ersten a), der Hauptstadt der Transkei. Nach einem Tankstop und ggf. einer Kaffeepause im Holiday Inn, wobei das Fahrzeug in dem umzäunten und abgeschlossenen Hof abgestellt wird, setzen wir die Fahrt fort durch die südliche Transkei, wobei sich das Bild nur wenig ändert.

Wir überqueren den Bashee River, kommen durch die Städte Idutywa und Butterworth (auch hier gibt es Tankmöglichkeiten), und 150 km hinter Umtata an den Grenzfluss *Kei,* der die nur wenig entwickelte und fast 100% von Schwarzen besiedelte Transkei von dem modernen, und hier im Süden überwiegend von Weißen bewohnten Südafrika trennt. Bis East London sind es dann noch knapp 90 km.

Umtata

Umtata ist die Hauptstadt der Transkei. Sie wurde in den späten 1860er Jahren gegründet, den Namen hat die Stadt nach dem Fluss *Mthatha,* an dem sie liegt.

Auch hier sind die Bewohner überwiegend Xhosa, Weiße sieht man kaum. Die Xhosa sind im 17. Jahrhundert in dieses Gebiet eingewandert und haben die Ureinwohner, die Hottentotten und Buschmänner, vertrieben. Zu Beginn unseres Jahrhunderts kam es zu erbitterten Kämpfen zwischen Xhosa, Buren und Briten, den sogenannten „Kaffernkriegen".

Die Stadt selbst hat keine nennenswerten Sehenswürdigkeiten. Einige der wenigen großen und repräsentativen Gebäude sind das „Bunga", das ist das Parlamentsgebäude, das Rathaus von 1907 und eine anglikanische Kirche. Am südlichen Stadtrand steht – wie aus einer anderen Welt hierher gebracht – der ganz moderne Gebäudekomplex der UNITRA, der „University of Transkei". „Wie aus einer anderen Welt" stimmt sogar: die Uni war ein Geschenk Südafrikas an die Transkei, als diese 1976 unabhängig wurde.

Die Universität ist ein wichtiger Bestandteil Umtatas, hier studieren etwa 4.000 Studenten aller Fachrichtungen, und das Diplom wird besonders würdig verliehen und gefeiert.

Und noch etwas muss erwähnt werden: Nelson Mandela wurde am 18. Juli 1918 in Mvezo geboren, einem klitzekleinen Dorf bei Umtata.

Die Wild Coast

Wer die Transkei nicht nur beim Durchfahren kennenlernen möchte, muss schon zwei bis drei Tage einplanen. Die Sehenswürdigkeiten liegen nicht an der N 2 (bis auf den generellen Eindruck, den die Transitreisenden erfahren), sondern an der Küste. Der 280 km lange Küstenstreifen der Transkei gehört zu den schönsten von ganz Südafrika, ist aber touristisch wenig erschlossen. Eine Erschließung wird erschwert durch die Art dieser Küste. Nicht zu Unrecht wird sie „Wild Coast" genannt, denn sie ist wild zerklüftet, mit Buchten und Flussmündungen, und zwischendurch herrlichen Sandstränden. Eine Verbindung untereinander gibt es aber wegen der wilden Struktur nicht, d.h. man muss die einzelnen Orte auf Stichstraßen von der N 2 aus anfahren, das bedeutet jedesmal ca. 100 km Schotterpiste!

Zwei der schönsten Stellen der Wild Coast sind über geteerte Straßen und

Und wieder ein Zebra, in bester Foto-Pose

deshalb auch für Wohnmobile zu erreichen: Coffee Bay mit Hole in the Wall und Port St. Johns mit dem Wild Coast Hiking Trail.

Zu dem Ferienort Coffee Bay zweigt 18 km südlich von Umtata eine geteerte Straße von der N 2 ab. Es gibt mehrere einfache Hotels und einen Campingplatz. Beide sollten über Wild Coast Reservation Tel. (0471) 25344 vorbestellt werden.

Von den Hotels und einigen anderen Stellen hat man einen schönen Blick auf die wilde Küste, in einer geschützten Bucht kann man baden. Man könnte hier auch ein Stück wandern, jedoch wird man überall von Muscheln und Krimskrams verkaufenden Jugendlichen ziemlich arg bedrängt.

8 km südlich von Coffee Bay liegt einer der markantesten Punkte der Wild Coast: *Hole in the Wall*, ein riesiger Fels in der Brandung mit steil ansteigenden Wänden, durch den die Brandung im Laufe der Zeit ein Loch gearbeitet hat. Man erreicht den Ort auf einer eigentlich sehr schönen Wanderung von Coffee Bay aus, wenn man sich durch die aufdringlichen Burschen nicht zu sehr belästigt fühlt, oder auch mit dem Auto über eine Schotterstraße, die 20 km vor Coffee Bay von der geteerten Straße abzweigt.

Das „Hole in the Wall Hotel" besteht aus mehreren Rundhütten, ist recht ordentlich und muss mit dem Auto, auch wenn es ein Wohnmobil ist, angesteuert werden, denn nur hier steht das Fahrzeug einigermaßen sicher.

Der 95 km lange Abstecher auf der geteerten R 61 von Umtata nach *Port St. Johns* lohnt eigentlich nicht. Der Ort ist ziemlich heruntergekommen, gute Übernachtungsmöglichkeiten gibt es auch nicht, hier beginnt allerdings der *Transkei Hiking Trail,* der an der ge-

Transkei-Transit

samten Wild Coast entlangführt. Der schönste Teil soll der Abschnitt von Port St. Johns bis Coffee Bay sein. Er ist 60 km lang, man benötigt 5 Tage, übernachtet wird in einfachen Hütten, Essen und Trinken muss man selbst mitbringen.

Wer kein ausgesprochener Wanderfreak ist, und doch die Wild Coast besuchen möchte, ist vielleicht im *Dwesa Nature Reserve* besser aufgehoben. Die Schotterpiste dorthin zweigt bei Idutywa, 87 km südlich von Umtata, von der N 2 ab. Hier gibt es neben der Szenerie der Wild Coast Büffel, Nashörner, Zebras und Krokodile, tropische Küstenwälder und fast menschenleere Strände. Der Bashee River mündet hier ins Meer, es gibt einfache Hütten zum Übernachten und einen einfachen Campingplatz.

Es ist ein unvergessliches Erlebnis, wenn so ein Riesentier plötzlich aus dem Dickicht auf uns losmarschiert

---

Transkei

Lage:
Der zwischen 100 und 200 km breite Landstrich entlang der „Wild Coast" zwischen Qolora Mouth und Port Edward.

Provinz: Ost-Kap

Hauptstadt: Umtata

Größe: 38.712 km²

Einwohner: ca. 3,5 Mio

Auskunft
Transkei National Tourist Board
Private Bag X5029
Umtata 5100
Tel.: (0471) 25191

Dept. of Agriculture & Forestry
Owen Street
Umtata 5100
Tel.: (0471) 24322

Übernachten
Holiday Inn Garden Court
National Road
Umtata 5100
Tel.: (0471) 370181, Fax: 370191
DZ 300 R/Person

Umtata Protea Hotel
36 Sutherland Road
Umtata 5100
Tel.: (0471) 25654, Fax: 310083
DZ 250 R/Person

Camping
Vor dem Transit:
Blue Seas Caravan Park
P.O. Box 102
Michaels-On-Sea 4265 (Shelly Beach)
Tel.: (0393) 151049, 45 R/Nacht

Anchorage Hotel & Caravan Park
P.O. Box 982
Umtata 5100 (Coffee Bay)
Tel.: (0471) 340061

Essen & Trinken
Holiday Inn Garden Court
National Road
Umtata 5100
Tel.: (0471) 370181

Besichtigungen
* Coffee Bay
* Hole in the Wall
* Wild Coast Hiking Trail

Port Elizabeth und der Addo Elephant National Park

Nach dem Transkei-Transit, der eigentlich am Kei River beendet ist, fahren wir noch die knapp 90 km bis East London, dort übernachten wir auf dem Marina Glen Caravan Park beim Holiday Inn, im Holiday Inn selbst oder im Hotel Osner. Da man nach der langen Fahrt etwas genervt ist und nicht noch lange auf Quartiersuche gehen will, würde ich empfehlen, vorher bei dem Caravan Park oder im Hotel anzurufen, um sicher zu sein, dass man auch eine Reservierung bekommt.

East London

East London liegt an der Mündung des Buffalo River und ist ein beliebter Ferienort, da es hier schöne breite und saubere Strände gibt. Auch die Versorgung mit Hotels, Campingplätzen und Restaurants ist gut. Dabei ist East London eigentlich eine Industrie- und Hafenstadt. Der Hafen ist der viertgrößte des Landes und der einzige Flusshafen in Südafrika. Umgeschlagen werden hauptsächlich Wolle, Mais und Ananas. Bezüglich der Industrie sind die Mercedeswerke zu erwähnen (s. u.), jedoch hat die Stadt gewisse Schwierigkeiten wegen ihrer Lage zwischen den beiden ehemaligen Homelands Transkei und Ciskei. Bei der schwarzen Bevölkerung der Umgebung gibt es bis über 70% Arbeitslosigkeit. Der Besucher merkt das zwar nicht direkt, die Zufahrtsstraßen führen aber oft an den ärmlichen Siedlungen dieser Leute vorbei, und der Anblick ist nicht gerade berauschend.

East London erhielt die Stadtrechte im Jahre 1880, nachdem hier vorher ein Hafen und ein Fort entstanden war, beide dienten der Versorgung des Militärs in der Umgebung, besonders von King William's Town. Der Hafen wurde 1848 von den Briten besetzt, sie gaben ihm den Namen Port East London. Zwischen 1857 und 58 wuchs die Einwohnerzahl der Stadt stark an, denn damals verschlug es entlassene Söldner aus der Britisch-Deutschen-Legion, z.T. mit ihren Angehörigen, hierher. Die Engländer schickten dann noch ein Schiff mit irischen Frauen hinterher, und bald kamen weitere deutsche Söldner, die sich alle in East London und der näheren Umgebung niederließen. Von diesen deutschen Söldnern stammen die Siedlungen mit den deutschen Namen, denen wir bei der Weiterfahrt begegnen: Potsdam, Berlin, Breidbach, Braunschweig, Hamburg.

Der Stadtkern ist relativ klein, die Touristen tummeln sich, wenn sie nicht an einem der schönen Strände liegen, auf dem 2 km langen zentralen Stück der Esplanade, dort finden wir auch das *German Settler's Memorial,* ein Denkmal, das an die hier 1857/58 angekommenen deutschen Söldner erinnern soll. Eine deutsche Inschrift lautet: „Den Deutschen Einwanderen", der kleine Schreibfehler hat sicher noch keinen gestört.

Sehenswert in der Stadt ist eigentlich nur das *Rathaus* an der Oxford Street mit dem Reiterdenkmal zu Ehren der Gefallenen im Burenkrieg.

Deutsche Autos in SA

Wir sind nun schon etwa 3.000 km über südafrikanische Landstraßen gefahren. Dabei ist aufgefallen, dass hier sehr viele deutsche Autos fahren, BMW, Mercedes, VW und Audi. Die große Nachfrage nach diesen Fahrzeugen in Südafrika und die hohen Zölle für Komplettfahrzeuge haben die deutschen Automobilhersteller veranlasst, Montagewerke „vor Ort" einzurichten.

Hier in East London z.B. gibt es im Gately Industrial Township ein Montagewerk von Mercedes, in dem 3.000 Beschäftigte die Wagen der E- und C-Klasse montieren und zwar knapp 15.000 Stück im Jahr. Dabei werden 30% der Teile im Werk in East London gefertigt bzw. in Südafrika eingekauft. Aus Deutschland kommen die Motorren, Getriebe, Achsen u.ä.

BMW fertigt in einem Werk in Rosslyn bei Pretoria, und zwar 18.500 Fahrzeuge der 3er- und 5er-Reihe sowie 1.200 Land Rover. Auch BMW beschäftigt 3.000 Leute. Auch hier kommen viele Teile aus den Werken in München und Dingolfing. Mit 18.000 Zulassungen im Jahr hat BMW in Südafrika einen Marktanteil von 7,6%. Der Marktanteil von Mercedes ist vergleichbar, daher diese auffallend vielen BMW- und Mercedes-Fahrzeuge auf den Straßen.

Natürlich fertigt auch VW in Südafrika, und zwar in einem Werk in Uitenhage bei Port Elizabeth. VW beschäftigt dort 6.500 Leute und baut 70.000 Fahrzeuge im Jahr. 60% der Teile, bezogen auf den Wert, kommen aus Südafrika, gefertigt werden der Golf I, der Vento, der Audi A4 sowie der A1 Pickup und der T3 Transporter. Der Marktanteil von VW/Audi lag 1996 in Südafrika bei 23,4%.

Durch die Ciskei

Wir verlassen East London auf der Küstenstraße R 72, einfach, weil sie so wunderschön ist. Wir kommen dabei durch die *Ciskei,* die Gegend „diesseits des Kei River". Auch das ist ein ehemaliges „Homeland" mit 97% Xhosa-Bevölkerung, das aber ebenfalls im April 1994 wieder in die Republik Südafrika integriert wurde.

Das Land ist bzw. war ein Keil zwischen Kidd's Beach im Norden und der Mündung des Great Fish River im Süden. Es war nur etwa doppelt so groß wie das Saarland, die Hauptstadt war *Bisho,* ein kleiner, als „Hauptstadt" erbauter Ort mit einem riesigen Flugplatz, auf dem aber kaum einmal ein Flugzeug landet. 65 km westlich von Bisho liegt der kleine Ort Alice, von hier aus kann man schöne Touren in die nördlichen Berggebiete der Ciskei machen. Wer von East London aus nicht auf der Uferstraße nach Port Elizabeth fahren, sondern lieber in den nördlichen Bergregionen herumkraxeln möchte, nimmt von East London aus die N 2 und dann die R 63 bis Alice. Am Stadtrand von Alice steht die University of Fort Hare, das ist die erste Universität, die speziell für Schwarze eingerichtet wurde, und zwar bereits im Jahre 1916. Von dieser Universität kommen etliche schwarze Politiker und Wissenschaftler des Landes.

Von Alice aus kann man schöne Ausflüge in die Bergwelt von Amatola unternehmen.

Port Elizabeth und der Addo Elephant National Park

Port Elizabeth und der Addo Elephant National Park

Eine Reihe sehr gut erhaltener viktorianischer Häuser ziert die Innenstadt von Grahamstown

Grahamstown

Berg- und Wanderfreunde werden sicher diese Route durch die mystische Bergwelt von Amatola fahren, andere können die Küstenstraße nehmen und kommen über die Ortschaften Kidd's Beach, Chalumna, Bell und Wesley nach *Port Alfred,* einen netten kleinen Badeort mit einem schönen Campingplatz, wo wir Rast machen, denn den Tag haben wir sicher an den schönen Stränden „vertrödelt".

Es gibt hier schöne Strände, einen schön gelegenen 18-Loch-Golfplatz und eine 21 km lange Kanuroute den Kowie River aufwärts, Kanus kann man im Ort mieten. Dieser „Kowie Canoe/Hiking Trail" verbindet Wandern und Kanu fahren und führt durch eine faszinierende Landschaft. Er dauert 2 Tage, übernachtet wird in einfachen Hütten in Horsebend. Da die Tour sehr beliebt ist, muss eine Buchung lange Zeit im Voraus gemacht werden.

Im Hafenbereich von Port Alfred, nahe der Mündung des Kowie in den Indischen Ozean, hat man ein luxuriöses Villenviertel errichtet mit herrlichen Anwesen direkt am Wasser.

Im Leuchtturm auf dem Donkin Reserve ist das Fremdenverkehrsamt von Port Elizabeth untergebracht

Strände und Feriensiedlungen laden überall zum Baden ein

Die 1858 erbaute City Hall beherrscht das historische Zentrum von Port Elizabeth

Auf der R 67 fahren wir am nächsten Tag in Richtung Grahamstown. Dabei kommen wir durch riesige Ananasplantagen. Bei Bathurst liegt die *Summerhill-Ananasfarm,* die sollten wir kurz besuchen, denn hier erfährt man allerhand über die Ananas. In einem riesigen Gebäude in der Form und Farbe einer Ananas, das schon von weitem zu sehen ist, befindet sich eine Ausstellung, es gibt auch Kunsthandwerk der Xhosa zu kaufen und ein rekonstruiertes Xhosa-Dorf zu sehen.

Die Ananas wächst hier das ganze Jahr hindurch, und auf einem Feld sieht man alle Stadien der Entwicklung: reife Ananasfrüchte neben abgeernteten Streifen oder gerade blühenden Pflanzen.

Die Gegend um Grahamstown ist Hauptanbaugebiet für Ananas, von Port Alfred aus werden sie in alle Welt geschickt.

Dann kommen wir nach *Grahamstown.* Die Stadt liegt etwa auf der halben Strecke zwischen East London und Port Elizabeth an der N 2, hat ca. 56.000 Einwohner und ist eine nette, ruhige Universitätsstadt.

Auffallend sind die vielen, sehr gut erhaltenen viktorianischen Gebäude im Stadtzentrum. Die Stadt ist sauber und gepflegt, Hauptstraße ist die High Street, sie führt genau zur Universität. Mitten auf der High Street, auf einer Art Insel, steht die *Kathedrale* mit einem 53,6 m hohen Turm. Dieser soll die höchste Kirchturmspitze in ganz Südafrika haben. Mit dem Bau der Kathedrale wurde 1824 begonnen. Bedeutung hat sie, weil Grahamstown Bischofssitz der Anglikanischen Kirche ist. Neben der Kathedrale gibt es über 40 weitere Kirchen und Gebetshäuser,

Port Elizabeth und der Addo Elephant National Park

Das German Settler's Memorial in East London erinnert an die deutschen Söldner, die hier 1857/58 ankamen

deshalb wird Grahamstown auch als „Stadt der Heiligen" bezeichnet.
Wir fahren in die Stadt und folgen den Wegweisern „Zentrum", dann kommen wir direkt zur High Street, können dort parken und das Zentrum zu Fuß erkunden. Wir sehen die Kathedrale und schräg dahinter das *Rathaus*. An der High Street befindet sich eine wunderschöne Zeile *viktorianischer Häuser* und am südwestlichen Ende der High Street die *Rhodes Universität*. Sie wurde 1904 gegründet und hat jetzt ca. 4.000 Studenten. Neben der Universität gibt es zahlreiche weitere Bildungsstätten, damit hat Grahamstown eine große kulturelle Bedeutung für die Region. Alljährlich findet Ende Juni das *Grahamstown Arts Festival* statt, zu dem sich Südafrikas, aber auch ausländische Musiker und Schauspieler einfinden, um eine Woche lang die Stadt in ein riesiges Theater für Musik, Tanz und Literatur zu verwandeln.

Dabei liegen die Wurzeln der Stadt auf rein militärischem Gebiet: Grahamstown entwickelte sich aus einem Militärstützpunkt, der hier 1812 von den Briten errichtet und nach dem Oberst John Graham benannt wurde. Gleich in der Nachbarschaft wurde 1835 das *Fort Selwyn* gebaut, es ist restauriert und kann besichtigt werden.

Im Zentrum der Stadt, in einem schön restaurierten Stadthaus, kann man gut speisen. Das Restaurant heißt „The Clock House" und befindet sich in der Market Street Nr. 10, Tel.: (0461) 311295.

Addo Elephant National Park
Ein Erlebnis ganz besonderer Art ist der *Addo Elephant National Park*, 72 km nördlich von Port Elizabeth.
Im Jahre 1931 gab es am Kap nur noch 11 Elefanten. Im Auftrag der Bauern, deren Felder die Elefanten immer wieder zertrampelt hatten, wurden diese systematisch gejagt und fast ausgerottet. Dann kam die Reue. Die letzten Elefanten sollten unbedingt geschützt

Auch in East London finden wir einige nette Häuser, hier z.B. gegenüber vom Rathaus

Port Elizabeth und der Addo Elephant National Park

werden, und so richtete die Regierung eigens für diese 11 Elefanten ein zunächst 8.000 ha großes Schutzgebiet ein, den Addo Elephant National Park.

Nachdem der Addo Elephant National Park im Oktober 1995 mit dem Zuurberg Park zusammen gelegt worden ist, umfaßt er heute eine Fläche von 51.000 ha und bietet Lebensraum für gut 200 Elefanten. Der Park ist nicht sehr groß und daher gut überschaubar, deshalb gibt es fast eine Garantie dafür (aber auch nur fast, garantieren kann ich für nichts!), daß man hier auch wirklich Elefanten zu sehen bekommt. Neben den 200 Elefanten gibt es noch 25 Spitzmaulnashörner, 60 Kapbüffel, 280 Kudus und etliche Antilopenarten sowie Affen, einen Strauß und viele weitere Vogelarten.

Es gibt im Park sechs Wasserstellen, an denen man natürlich die größte Chance hat, Elefanten beobachten zu können. Eine dieser Wasserstellen ist nahe am Eingang, von einer Art Aussichtsplattform neben dem Picknickplatz kann man hier fast immer Elefanten sehen. Dort in der Nähe des Eingangs gibt es auch die touristischen Einrichtungen wie Restaurant, Laden und Toiletten sowie einen kleinen Campingplatz und ein Rest Camp, bestehend aus Rondavels und Chalets.

Der Park ist von einem Netz guter Schotterpisten durchzogen, man erkundet ihn mit dem eigenen Fahrzeug. Auf einer großen Rundstrecke kommt man an etlichen Wasserstellen vorbei. Sie beginnt beim Eingang und führt zunächst vorbei an den beiden Seen Gwarrie und Rooi. Nach 7 km gelangt man zum Hapoor Waterhole und weiter zum Spekboom Waterhole. Von hier sind es dann noch knapp 1.000 m zum „Spekboom Wandelpad", einem botanischen Reservat, das durch einen Elefantenzaun gesichert ist und für kürzere oder längere Wanderungen gedacht ist. Über Bean's Corner gelangt man zum Kadouw Lookout, hier kann man rechts abbiegen und über Janwlpan den Mbabala Loop fahren. Über Lendlovu Pan kommt man zum Parkeingang zurück, der Rundweg ist knapp 30 km lang. Wer noch 20 km dranhängen möchte, kann den Gorah Loop fahren, ganz eilige Besucher können die ganze Sache aber stark abkürzen und den Park in 3–4 Stunden

---

Addo Elephant National Park

Lage:
72 km nördlich von Port Elizabeth

Größe: 51.000 ha

Gegründet: 1931

Geöffnet: tägl. 7–20 Uhr, Eintritt 8,50 R/Person

Auskunft
Port Elizabeth Publicity Association
Pleinhus, Market Square, P.O. Box 357
Port Elizabeth 6000
Tel.: (041) 52 13 15

Addo Elephant National Park
P.O. Box 52
Addo 6105
Tel.: (0426) 40 05 56, Fax: 40 01 96

Übernachten, Camping & Restaurant
Im Park, Anschrift s. oben

Port Elizabeth und der Addo Elephant National Park

„absolvieren", man sollte sich aber für diesen wirklich sehr schönen Park etwas mehr Zeit lassen oder sogar in dem wunderschön gelegenen Rest Camp oder auf dem Campingplatz übernachten.

Port Elizabeth

Vom Addo Elephant National Park führt die R 335 direkt nach Port Elizabeth, das sind 72 km. Wie in vielen südafrikanischen Städten, liegen auch am Rand von Port Elizabeth Slums, die beim Durchfahren daran erinnern, dass unter großen Teilen der Bevölkerung immer noch bittere Armut herrscht.

Port Elizabeth wurde 1820 von britischen Pionieren gegründet. Der damalige Vizegouverneur der Kapregion, Rufane Dunkin, reiste an, die Ankommenden zu begrüßen und benannte den kleinen Ort, den sie gegründet hatten, nach seiner verstorbenen Frau Elizabeth. Früher war das Gebiet Weideland für die Hottentotten, Bartholomëu Diaz landete 1488 in der Bucht, aber erst 1861 erhielt der Ort die Stadtrechte.

Heute ist Port Elizabeth die fünftgrößte Stadt in Südafrika und der drittgrößte Hafen. Es gibt eine Universität und eine Technische Hochschule sowie bedeutende Industriebetriebe. Neben der Weberei und Textilindustrie ist der Automobilbau von besonderer Bedeutung, über das VW-Werk habe ich bereits berichtet. Und es gibt auch hier wieder wunderschöne Strände, besonders im Süden der Stadt.

Ganz im Zentrum liegt auf einem Hügel die Grünanlage *Donkin Reserve*, 1820 im Auftrag von Rufane Donkin angelegt. Von hier hat man einen schönen Blick über die Stadt und den Hafen. An der Seeseite des kleinen Parks steht ein alter *Leuchtturm* aus dem Jahre 1861, er beherbergt heute ein kleines Militärmuseum und die Besucherinformation Port Elizabeth Publicity Association, Tel.: (041) 52 13 15 oder 55 88 84. Dort bekommt man auch den Schlüssel für die Turmbesteigung.

Gleich neben dem Leuchtturm steht die *Donkin Pyramide*, die Sir Donkin zur Erinnerung an seine Frau Elizabeth hatte errichten lassen.

Im Addo Elephant Nationalpark kann man vom Picknickplatz aus die Elefanten beobachten

Was wollt denn ihr hier?

Port Elizabeth und der Addo Elephant National Park

Die gegenüberliegende Seite des Parks wird ganz vom *Edward Hotel* eingenommen, das ist ein sehr schönes Hotel im viktorianischen Stil, das wir für eine Übernachtung bestens empfehlen können. Besonders angenehm ist die zentrale Lage, denn die Sehenswürdigkeiten der Stadt kann man von hier zu Fuß besuchen (wer im Hotel übernachtet und lieber näher am Strandgeschehen wohnen möchte, sollte dann lieber ins Holiday Inn an der Beach Rd. gehen, dort in der Nähe befindet sich auch der Caravan Park).

An der Nordseite des Donkin Reserve Parks, an der Donkin Street, steht eine Reihe viktorianischer Häuser aus den Jahren 1860/70. Diese *Donkin Street Houses* wurden zu Nationaldenkmälern ernannt. Wenn man die steile Donkin Street hinabgeht, stößt man auf die Main- und Baakens Street, das ist die Haupteinkaufsstraße der Stadt. Rechts herunter kommen wir zum Markt mit dem Rathaus und der *Bibliothek*. Sonntags vormittags findet hier immer ein sehr beliebter Flohmarkt statt.

Wem der Blick von dem alten Leuchtturm noch nicht genügt hat, der kann den Glockenturm oder *Campanile* besteigen, das sind aber gut 200 Stufen, und es gibt keinen Fahrstuhl! Der Glockenturm steht auf der anderen Seite der Schnellstraße kurz vor dem Bahnhof, ist 52 m hoch und hat ein Glockenspiel, das aus 23 Glocken besteht. Man kann das Glockenspiel täglich um 8:32, 10:32 und 18:02 Uhr hören. Der Turm wurde 1923 zum Gedenken an die frühen Siedler errichtet.

Port Elizabeth hat auch einen „Deutschen Klub"! Nach dem 2. Weltkrieg gab es in Port Elizabeth deutsche Familien, die sich durch die gemeinsame Sprache verbunden fühlten. Sie gründeten am 25. Mai 1949 einen (neuen) Deutschen Klub (die „Deutsche Liederhalle", das Klubhaus des Deutschen Klubs von 1880 fiel 1915 einer Brandstiftung zum Opfer). Seit März 1971 hat der Klub ein schönes Klubhaus mit einem Saal mit Bühne, Tanzfläche und Bar, eine Bauernstube, zwei Kegelbahnen, Schwimmbad und Biergarten. Gäste sind immer gern willkommen.

Das Elefantenbad

Gemächlich trollt sich die Elefantenherde

East London

Einwohner: 135.000

Auskunft
SATOUR
Terminus Str., P.O. Box 1794
East London 5200
Tel.: (0431) 43 55 71

Übernachten
Holiday Inn Garden Court
P.O. Box 1255, John Bailey Ecke Moore Str.
East London 5200
Tel.: (0431) 2 72 60, Fax: 43 73 60
DZ 250–300 R/Raum

Camping
Marina Glen Caravan Park
P.O. Box 7247
John Bailey Road (beim Holiday Inn)
East London 5200
Tel.: (0431) 2 87 53

Essen & Trinken
Mövenpick Restaurant
Orient Beach
East London 5201
Tel.: (0431) 2 18 40

Besichtigungen
* German Settler's Memorial
* City Hall

Port Elizabeth

Lage:
769 km nördlich von Kapstadt, am Indischen Ozean. Fünftgrößte Stadt Südafrikas.

Provinz: Ost-Kap

Einwohner: 650.000

Auskunft
SATOUR
23 Donkin Street,
Port Elizabeth 6000
Tel.: (041) 55 77 61, Fax: 55 49 75

Übernachten
The Edward Hotel
Belmont Terrace, Port Elizabeth 6001
Tel.: (041) 56 20 56, Fax: 56 49 25
DZ 156 R/Person

Camping
Sea Acres Caravan Park
Beach Road, P.O. Box 13040
Port Elizabeth (Humewood) 6013
Tel.: (041) 53 30 95, Fax: 53 39 66
55 R/Nacht

Essen & Trinken
Saddler's Steak Ranch
Ecke Lodge & Marine Drive, Summerstrand
Port Elizabeth 6001, Tel.: (041) 55 89 60

Besichtigungen
* Donkin Reserve mit Leuchtturm
* Donkin Street Houses
* Rathaus und Bibliothek (Deutscher Klub, 4 Lorraine Street, Lorraine 6070, Tel.: (041) 32 27 91).
* Auf der Fahrt nach Port Elizabeth: evtl. in Port Alfred sehr nett übernachten bei Camping Club Caraville Medolino, 23 Steward Rd., Port Alfred 6171, Tel. & Fax: (0464) 46 51, 40 Rand/Nacht, sehr nette Eigentümer oder Kowie Grand Hotel, Kowie West, Port Alfred 6171, Tel.: (0464) 4 11 50, Fax: 43 7 69, 100-200 Rand/Person.
* Hier auch „Kowie Canoe/Hiking Trail", zu buchen bei Riverside Caravan Park, P.O. Box 217, Port Alfred 6170, Tel.: (0464) 4 22 30.
* Bei Grahamstown Besichtigung von Fort Selwyn täglich außer Mo von 9 bis 16 Uhr, So ab 12 Uhr.
* Im Zentrum von Grahamstown speisen im „The Clock House", 10 Market Street, Tel.: (0461) 31 12 95.

Im Tsitsikamma National Park

Port Elizabeth liegt eingebettet in zwei Buchten, im Osten die große Algoa Bay, im Westen sind es Jeffrey's Bay, Aston Bay und Oyster Bay. Zwischen Aston- und Oyster Bay ragt *Cape St. Francis* ins Meer hinaus. Wir machen einen kurzen Abstecher zu diesem Kap, weil es der südlichste Punkt auf unserer bisherigen Reise ist. Die R 330 zweigt von der N 2 ab und bringt uns nach kurzer Fahrt zum Kap.

Cape St. Francis ist eine flache Landzunge, die weit ins Meer hinausragt. Ein 28 m hoher Leuchtturm stammt aus dem Jahre 1876. Etwas nördlich vom Kap, also am Westufer der Bay, liegt der Ort *St. Francis*. Eigentlich ist das kein richtiger Ort, sondern eine Anhäufung von Ferienwohnungen, die nur wenige Wochen im Jahr bewohnt sind. Diese Ferienkolonie zieht sich an dem herrlichen Sandstrand entlang und endet an der Mündung des Kromme River. Hier in der Bucht laufen riesige Wellen auf und brechen sich vor dem Strand, deshalb treffen sich hier die Wellenreiter und Surfer aus der ganzen Welt. Hinzu kommen Muschelsucher, Segler und Angler, so dass schon fast alle Häuser der Siedlung verkauft sind. Die Häuser sind sehr hübsch, befinden sich aber in einem extrem engen Bebauungsgebiet. An dem schmalen Küstenstreifen gibt es gut 2.500 Parzellen, viele davon direkt am Strand. Im Norden der Siedlung, an der Mündung des Kromme River, gibt es ein verschlungenes Kanalsystem, an dem allein über 300 Anwesen liegen. Diese Bewohner können von ihrer Terrasse direkt ins Boot steigen und den Fluss hinauffahren oder in den Indischen Ozean entschwinden. Die Krönung der Ferienherrlichkeit ist eine Lage am Strand *und* am Kanal, drei Leute haben dieses Vergnügen.

Nach einem mehr oder weniger langen Aufenthalt am Strand fahren wir zur N 2 zurück. Jetzt sind es noch 60 km bis zur Paul Sauer Brücke am Tsitsikamma Nationalpark.

Tsitsikamma National Park
Das Wort *Tsitsikamma* stammt aus der Hottentottensprache, bedeutet „klares Wasser" und kann von einem Mitteleuropäer kaum richtig ausgesprochen werden, da es eine Anhäufung von Zungenschnalzern ist. Auf jeden Fall ist es aber einer der schönsten Parks in Südafrika und hat ein wunderschönes Rest Camp mit Hütten, Campingplatz und einem sehr netten Restaurant mit Blick auf das Meer.

Der Nationalpark wurde am 4. Dezember 1964 gegründet und besteht aus einem 68 km langen, schmalen Küstenstreifen etwa in der Mitte zwischen Port Elizabeth und Knysna. Er beginnt bei Oubosstrand im Osten, endet am Nature's Valley im Westen und ist damit Teil der Garden Route. Ein 5,5 km breiter Streifen des Indischen Ozeans gehört ebenfalls zum Nationalpark. Seine Größe wird deshalb von der Parkverwaltung angegeben mit 32.500 ha plus 34.000 ha Ozean.

Da auch dieser herrliche Park an der N 2 liegt, sind wir von Port Elizabeth bzw. St. Francis Bay bald dort. Die Abfahrt hinunter zur Küste können wir nicht verpassen, denn sie liegt 6 km

Eine Hängebrücke überspannt die Mündung des Storms River

Der Campingplatz im Tsitsikamma Nationalpark ist wunderschön direkt am Meer gelegen

hinter der gewaltigen *Paul Sauer Bridge,* die den Storms River in einem weiten Bogen überspannt. Sie ist 190 m lang und schwebt 130 m über dem Fluss. Vor der Brücke befindet sich die Tsitsikamma Lodge, unmittelbar hinter der Brücke ist rechts eine große Tankstelle mit Restaurant und Souvenirladen, dort kann man parken und zur Brücke zurückgehen, der Blick hinunter in den Canyon lohnt sich.

3 km weiter ist dann rechts das Hinweisschild zum „Big Tree", und nochmals 3 km weiter links die Abfahrt zum Tsitsikamma National Park. Fast am Ende der 9 km langen Zufahrt befindet sich das Tor zum Restcamp, dort müssen wir den Eintrittspreis von 17 Rand für 2 Erwachsene und das Fahrzeug bezahlen, die Rezeption befindet sich aber ganz am Ende des Parks, am Restaurant, dort müssen wir uns anmelden, und der Eintritt wird mit dem Übernachtungsgeld für den Campingplatz oder die Hütten verrechnet.

Die Tsitsikamma Küste

Die zerklüftete Küste des Tsitsikamma-Landes machte es bis 1868 unmöglich, an diesen Küstenabschnitt zu gelangen. Heute führen die N 2 und die R 102 oben auf der Höhe recht nahe an der Küste entlang, und auf einer 9 km langen Stichstraße gelangt man bis an die Mündung des Storms River. Bis zu 200 m hohe Klippen fallen steil zum Meer ab, dann folgt ein schmaler Streifen in 200 bis 275 m Höhe, auf dem die Straßen verlaufen, und dahinter erheben sich die Tsitsikamma-Berge bis zu einer Höhe von 1.715 m.

Vor 2 Millionen Jahren reichte das Wasser bis an diese Berge heran. Die Wellen des Ozeans formten unterirdische Terrassen, die zum Vorschein kamen, als das Land emporgehoben wurde. Die vielen Flüsse, die hier in den Ozean münden, sägten im Laufe der Jahrmillionen tiefe Schluchten in die Berge, und die Wellen des Meeres arbeiten unentwegt an dem Profil der Küste. An den vorgelagerten Felsen brechen sich die auflaufenden Wellen mit ungeheurer Gewalt und wirbeln steil empor, wobei sie haushohe Wände aus Wasser und Gischt bilden. Dazwischen gibt es ruhige Buchten mit Sandstrand, die zum Baden einladen.

Im Tsitsikamma National Park

Flora und Fauna

Der Küstenstreifen ist bis zu den steilen Abbruchkanten zum Meer hin dicht mit Wald bestanden. Da es das ganze Jahr über regnet, am stärksten im Mai und Oktober, gedeihen die Pflanzen hier üppig, es gibt Farne, Flechten und Moose, aber auch uralte Bäume und im Frühjahr wunderschöne Blumenwiesen.

Big Tree (Groot Boom) ist ein riesiger Yellowwood-Baum, der jenseits der N 2 ca. 1 km östlich von Storms River steht. Ein Hinweisschild zeigt uns den Weg zum 500 m abseits der Straße stehenden Riesenbaum. Er soll 800 Jahre alt sein und ist so dick, dass es acht Erwachsene benötigt, um den Stamm zu umfassen.

Typisch für diesen Küstenabschnitt ist außerdem die Fynbos-Vegetation. Sie ist ein Bewuchs mit niedrigen Büschen und Sträuchern, die sich besonders an die sommerliche Trockenheit angepasst haben. Viele von ihnen haben kleine, feine Blätter, deshalb der Name „Feiner Busch – Fynbos". Man findet Ericagewächse, 85 Protea-Arten, Astern und Strohblumen, insgesamt über 8.500 Arten. Damit ist der Fynbos die artenreichste Flora der Welt.

In den dichten Wäldern gibt es Affen und verschiedene Antilopenarten, die der Wanderer aber nur selten zu sehen bekommt. Mehr Glück hat man mit den Vögeln, die schwirren überall herum. Über 220 Arten gibt es im Park, ein nur hier ansässiger Vogel ist der *Knysna Lourie*. Im Wasser sieht man nicht selten Wale und Delphine, ein besonderer Bewohner des Tsitsikamma Nationalparks aber ist der Otter. Auf dem Otter Trail können wir ihn beobachten, er ist besonders aktiv zwischen

Die wild zerklüftete Küste im Tsitsikamma Nationalpark

20 und 22 Uhr, aber auch am späten Nachmittag ist der Otter manchmal zu sehen, besonders im Winter.

Wanderungen im Park
Der *Otter Trail* ist der bekannteste Wanderweg im Park. Er ist 41 km lang, die Wanderung dauert 5 Tage, man übernachtet in einfachen Hütten und muss die Verpflegung selbst mitschleppen. Die Wanderung beginnt immer am Rest Camp am Storms River und endet am Kalander Rest Camp in Nature's Valley. Die vier Übernachtungen sind in Ngubu, Scott, Oakhurst und André. Den ersten Teil dieses Weges, bis zum Wasserfall (s. unten), darf man ohne Erlaubnis wandern, hinter dem Wasserfall sind nur noch registrierte Wanderer erlaubt. Die Registrierung erfolgt (Monate im Voraus!) bei „The Reservations Officer, National Park Board, P.O. Box 787, Pretoria 0001, Tel. (012) 3431991".

Wanderung zum *Wasserfall*. Der erste Teil des Ottertrail führt vom Storms River Mouth Restcamp an der Küste entlang bis zu einem malerischen Wasserfall, drei Kilometer vom Camp entfernt. Es geht an der Guano-Grotte vorbei, und man bekommt einen schönen Eindruck von dem Otter Hiking Trail. Für nicht „Otter Trailer" eine sehr empfehlenswerte Wanderung.

Ebenfalls am Westende des Storms River Mouth Restcamp beginnt der *Blue Duiker Trail*, der steil hinauf auf die Steilküste führt, mit schönen Ausblicken aufs Meer durch Buschwerk und Fynbos-Vegetation, und dann wieder hinunter zum Meer. Der Weg ist 3 km lang und recht steil.

Ebenfalls steil, aber nur 1 km lang ist der *Lourie Trail*, er beginnt ebenfalls im Rest Camp und folgt in seinem ersten Teil dem Blue Duiker Trail, schwenkt dann aber bald nach Osten ab und endet wieder im Restcamp.

Nicht versäumen sollte man den kurzen Weg vom Restaurant am Ende des Restcamps zur Hängebrücke über die Mündung des Storms River. Dieser Weg heißt *Mouth Trail*, ist 1 km lang und führt in mäßiger Höhe am Berghang entlang bis zu der imposanten Mündung des Storms River. Die „Suspension Bridge" über die Flussmündung ist ein interessantes Gebilde, die Überquerung lohnt sich, denn auf der gegenüberliegenden Seite gibt es einen schönen Aussichtspunkt.

Der Campingplatz im Tsitsikamma Nationalpark liegt so wunderschön direkt am Wasser an der Mündung des Storms River, vor der bizarren Silhouette der zerklüfteten Küste des Indischen Ozeans, dass Sie für diesen Besuch nicht zu wenig Zeit einplanen sollten. Und baden können Sie hier auch: vor dem Restaurant, ganz am Ende des Camps und direkt an der Flussmündung gibt es eine ruhige Bucht mit Sandstrand, die zum Baden oder Faulenzen in der Sonne einlädt.

Wenn wir uns schweren Herzens von dem Park und dem Anblick der hochaufspritzenden Riesenwellen trennen können, fahren wir zur N 2 zurück und folgen ihr in Richtung Cape Town.

Das nächste Stück der N 2 ist autobahnmäßig ausgebaut und daher mautpflichtig. Nicht unbedingt um den Straßenzoll zu sparen, sondern weil die Ausweichstrecke über die R 102 so schön ist und uns in das westliche Ende des Tsitsikamma Nationalparks bringt, verlassen wir die N 2 kurz vor der Brücke über den Bloukrans River und nehmen die R 102, die eine der

Im Tsitsikamma National Park

Tsitsikamma National Park

Lage:
68 km langer Küstenstreifen an der Mündung des Storms River, etwa in der Mitte zwischen Port Elizabeth und Knysna.

Provinz: Ost-Kap

Größe: 32.500 ha + 34.000 ha Meer

Eröffnet: 4. Dezember 1964

Auskunft
Tsitsikamma National Park
The Park Warden
P.O. Box, Storms River 6308
Tel.: (042) 5411607, Fax: 5411629

National Park Board
P.O. Box 787, Pretoria 0001
Tel.: (012) 3431991, Fax: 3430905

Übernachten
Tsitsikamma National Park
P.O. Box, Storms River 6308
Tel.: (042) 5411607, Fax: 5411629
In Hütten am Wasser Nähe Campingplatz
DZ 210 R/Raum, 4-Bett-Hütte 400 R/Hütte

Tsitsikamma Lodge
N2 National Road, P.O. Box 10
Storms River 6308
Tel.: (042) 7503802, Fax 7503702
DZ 100–150 R/Person

Tsitsikamma Forest Inn
Darnell Street, P.O. Box 53
Storms River 6308
Tel.: (042) 5411711, Fax: 5411669
DZ 150–200 R/Person

Camping
Tsitsikamma National Park
P.O. Box, Storms River 6308
Tel.: (042) 5411607, Fax: 5411629
40 R/Nacht

Essen & Trinken
Tsitsikamma Forest Inn
Darnell Street, P.O. Box 53
Storms River 6308
Tel.: (042) 5411711, Fax: 5411669

Tsitsikamma National Park
P.O. Box, Storms River 6308
Tel.: (042) 5411607, Fax: 5411629
Schönes Restaurant mit Blick über das Meer

Besichtigungen
* Otter Trail (5 Tage, 180 R/Person)
* Hängebücke über den Storms River

Eintritt:
17 Rand (2 Erwachsene + Fahrzeug), wird mit Übernachtungsgebühr verrechnet

schönsten Teilstrecken der Garden Route sein soll. Es geht in vielen Kurven bergauf und bergab, und nach kurzer Zeit kommen wir über den Bloukrans-Pass, dann unter der N 2 hindurch durch urwüchsige Wälder und durch enge Schluchten herunter in das Feriengebiet *Nature's Valley,* welches den westlichen Abschluss des Tsitsikamma Parks bildet.

Wanderfreudige Besucher kommen auch hier wieder auf ihre Kosten, es gibt mehrere Rundwanderwege unterschiedlicher Länge, z. B. den Kalander-Rundweg, den Keurweg, den Rugweg, den Forest Hall Trail und den Küstenwanderweg. Auch der „Tsitsikamma Mountain Trail" beginnt hier, er folgt in etwa der R 102 und endet an der Paul Sauer Bridge.

Die R 102 führt dann über den Grootrivier Pass aus dem Nature's Valley wieder heraus zurück auf die N 2.

Der Tsitsikamma National Park gehört zu den schönsten Gegenden Südafrikas und wird uns als eines der „Highlights" der Reise noch lange in Erinnerung bleiben.

Im Tsitsikamma National Park

Felsen, Blumen, Meer und blauer Himmel – das ist die Garden Route

Eindrücke von der Garden Route

Der etwa 200 km lange Küstenstreifen entlang der N 2 zwischen Storms River im Osten und Mossel Bay im Westen wird als *Garden Route* bezeichnet. Südafrika, größtenteils ein Trockenland, ist in diesem südlichen Küstenstreifen mit Wäldern und Seen reich gesegnet. Wer aus den nördlichen Gebieten in diese Gegend kommt, bestaunt die Wälder, die Blumen und die saftigen Wiesen. Kein Wunder deshalb, dass im südafrikanischen Sommer, also zwischen Oktober und März, hier eine wahre Besucherinvasion aus dem Norden stattfindet. Beim Anblick bewaldeter Höhenzüge und dschungelartiger Regenwälder vergisst man, dass die Waldgebiete dieses riesigen Landes nur knapp 2% der Gesamtfläche ausmachen. Südafrikas Landwirtschaft ist in hohem Masse von künstlichen Bewässerungsanlagen abhängig, nur der südliche Streifen erhält regelmäßige Niederschläge, und wegen des ganzjährigen milden Klimas gibt es hier subtropische Wälder mit seltenen Baumarten wie Yellowwood und Stinkwood.

Erwarten Sie nun aber nicht, nach dem Passieren der Paul Sauer Bridge plötzlich im „Garten Eden" zu stehen. Den gibt es zwar, 20 km vor Knysna, das ist aber ein Picknickplatz mit Wanderweg an der N 2. Allein der Anblick der bewaldeten Höhen entlang der Autostraße entzückt uns Mitteleuropäer nicht so sehr. Die tropischen Regenwälder hingegen lassen auch uns erstaunen, und wenn wir den südafrikanischen Sommer als Reisezeit gewählt haben, dann werden auch wir von der Fahrt entlang der Garden Route nicht enttäuscht sein.

Wir sollten jedoch die Hauptstraße immer wieder verlassen, um die kleinen Hafenstädte und Badeorte zu besuchen. Weite, einsame Strände und dichte, unberührte Wälder lassen die Fahrt entlang der Garden Route zu einem Erlebnis werden.

Plettenberg Bay

Wir haben nach unserem Ausflug ins Nature's Valley die N 2 wieder erreicht und gelangen dann nach einer Fahrt von 17 km an die Abfahrt zu einem der meistbesuchten Badeorte an der Garden Route: *Plettenberg Bay*.

Mit die schönsten Badestrände Südafrikas liegen in der Bucht von Plettenberg über mehr als 12 km zu beiden Seiten der Hotelinsel „Beacon Island". Dieses Luxushotel beherrscht das Strandbild, und wer sich ein paar Luxustage gönnen will und 460 Rand pro Person und Nacht ausgeben will, sollte hier absteigen. Von den Liegewiesen und Freiluftbars des Hotels kann man das Strandleben beobachten oder die Segler, Surfer und Taucher, man kann an den endlosen Sandstränden laufen oder in dem jadegrünen Wasser baden, das auch im Winter um die 20° C hat und auch für Kinder gut zum Baden geeignet ist. Es scheint fast immer die Sonne, deshalb verfünffacht sich die Einwohnerzahl des 10.000-Seelen-Ortes in den Sommermonaten, und viele gut betuchte Südafrikaner haben sich hier luxuriöse Sommerresidenzen gebaut.

Der Ort wurde 1778 nach dem Gouverneur Joachim von Plettenberg benannt. Die Bucht hieß vorher „Bahia Formosa" (Schöne Bucht). So hatte sie der portugiesische Seefahrer Mesquita de Perestrello genannt, der bereits 1576 in der Bucht ankerte. Später, im Jahre 1630, geriet die „San Gonzales" in Seenot, ging unter, und die Überlebenden verbrachten acht Monate dort, wo sich heute die Plettenberg-Besucher tummeln.

Auf der dem Ortskern vorgelagerten Insel „Beacon Island", die jetzt aber über eine Straße mit dem Festland verbunden ist, hatten die Norweger zwischen 1913 und 1916 eine Walfangstation eingerichtet. Sie wurde aber 1920 wieder aufgegeben, und an ihrer Stelle 1972 das Luxushotel „Beacon Island Hotel" eröffnet.

9 km südlich von Plettenberg Bay liegt auf einer 4 km langen Halbinsel das *Nature Reserve Robberg* (Robbenberg). Das Reservat ist Brutplatz für viele Wasservögel, und vor der Küste können wir Wale und Delphine beobachten. Auf der westlichen Seite der Halbinsel befindet sich eine große Höhle, die den frühen Bewohnern dieser Gegend, den „Strandloopers", die zur Gruppe der nomadischen Khoi gehörten, als Unterschlupf diente.

7 km nördlich von Plettenberg Bay liegt ein weiteres Naturreservat direkt am *Keurbooms River,* das auch nach dem Fluss benannt ist. Die Ufer des Flusses sind hier dicht mit Wald besäumt, es gibt ein reiches Vogelleben, aber auch Wildschweine, Affen und Antilopen. Man kann das Reservat durchwandern oder auch eine Fahrt mit einem Kanu unternehmen, die Boote kann man täglich zwischen 8 und 18 Uhr im Park ausleihen.

Von Plettenberg Bay sind es dann auf der N 2 noch 30 km bis Knysna.

Knysna

Im Jahre 1804 landete im heutigen Knysna ein Fremder, von dem man nie so richtig erfahren hatte, woher er kam. Während der britischen Besetzung war er „Marshall of the Vice-Admirality Court" am Kap der Guten Hoffnung. Sein Name war *George Rex.* Im Jahre 1804 kaufte er die Farm Melkhoutkraal im Osten der Lagune von Knysna, zog mit seinem Hausrat und seinen Begleitern, die mit ihm gekommen waren, dorthin und vergrößerte seinen Besitz von Jahr zu Jahr. Nachdem 1825 Gouverneur Lord Charles Somerset die Stadt Knysna gegründet hatte, wurde auf Betreiben von George Rex ein Hafen angelegt, der der Stadt im 19. Jahrhundert zu wirtschaftlichem Aufschwung verhalf. Als dann aber 1928 die Eisenbahn gebaut wurde, verlor der Hafen an Bedeutung, und 1954 wurde er ganz geschlossen.

Eindrücke von der Garden Route

Badespaß in der Plettenberg Bay

Sonnenuntergang im Wilderness Nationalpark

Knysna liegt im Zentrum der Garden Route an einer Lagune, wunderschön eingebettet zwischen dem Meer und den Wäldern mit Salzwasserseen, Regenwäldern, Sümpfen und der Fauna und Flora der Lagune. Deshalb wurde das Gebiet um Knysna 1985 zur „National Lake Area" erklärt und genießt seitdem einen besonderen Schutz durch die südafrikanische Nationalparkverwaltung.

Der Rand der Lagune und die beiden Inseln in der Lagune sind gespickt mit herrschaftlichen Anwesen, Golf- und anderen Ferienanlagen, Hotels und Restaurants, so dass der Besucher hier alle Annehmlichkeiten vorfindet. Die N 2 führt mitten durch den Ort hindurch, im Zentrum heißt sie Main Street und ist die Hauptgeschäftsstraße, zusammen mit ihrer Querstraße Longstreet, die so lang ist, dass sie bis auf die Insel Thesen Island führt. An der Long Street liegt auch das recht nette Shopping Centre Woodmill Lane. In Knysna selbst gibt es ein „National Monument": in der Queen Street, einer Querstraße der Main Street, steht ein kleines, hübsches Holzhaus. Es stand früher in dem nahe gelegenen Ort Millwood. Dort wurde 1876 Gold entdeckt, und der Ort wurde schnell zu einer „Gold Town". Der Spuk war jedoch schnell wieder vorüber, denn die Vorkommen waren 1895 bereits erschöpft. Eines der Häuser hat man zerlegt und nach Knysna gebracht. Hier dient das „Millwood House" als Museum. Man erfährt die Geschichte der Goldfunde von Millwood sowie alles, was man über den geheimnisvollen Mr. Rex weiß.

Die *Knysna Lagune* ist 21 ha groß. Es gibt darin zwei Inseln, die durch Brücken mit dem Festland verbunden sind. Die N 2 führt über eine Brücke durch die Lagune und auch der Zug von George nach Knysna. Im Nordwesten mündet der Knysna River in die Lagune, im Südosten ist sie durch eine schmale Öffnung mit dem offenen Meer verbunden. Diese Öffnung wird von zwei mächtigen Sandsteinfelsen bewacht, den *Knysna Heads*. Von dem Felsen auf der östlichen Seite der Einfahrt hat man einen schönen Blick auf die Lagune und das Meer. In der Lagune gibt es viele Fische, Austern und die seltenen *Seepferdchen*. Wer hier in Knysna in eines der vielen und netten Restaurants geht, sollte zwei Dinge probieren: Austern und das lokale Bier der *Mitchell's Brewery*. Austern kann man außerdem probieren und kaufen bei der *Knysna Oyster Company* am Ende der Long Street auf Thesen Island.

Für Wanderfreunde möchten wir zwei Wanderungen angeben, eine einfache und eine anstrengende. Die einfache Wanderung dauert 1–1½ Stunden, ist 4 km lang und geht am *Jubilee Creek* entlang. Man fährt ca. 7 km auf der N 2 in Richtung George, nimmt dann die Abfahrt Rheenendal und kommt nach weiteren 13 km zur Abzweigung zum Goudveld Staatsforst. Nach 2,3 km auf diesem Weg erreicht man den offiziellen Eingang in den Wald. Wenn Sie dann noch einmal 5,1 km weiterfahren, sind Sie am Jubilee Creek Rast und Picknickplatz und können mit der Wanderung beginnen. Empfehlenswerter, aber bedeutend anstrengender und zeitaufwendiger ist die *Kranshoek Wanderung*. Sie ist 9,4 km lang, dauert 5 bis 5½ Stunden und beginnt ca. 20 km östlich von Knysna, 5 km hinter der Abzweigung zum Kranshoek Aussichtspunkt. Der Wanderweg geht durch dichten Wald und Buschwerk, aber auch entlang der Küste.

Nach dem Besuch von Knysna fahren wir auf der N 2 weiter in Richtung Kapstadt bzw. zunächst nach Mossel Bay. Gleich hinter Knysna lohnt sich ein Abstecher zum Meer zu dem Ort Brenton on Sea.

Dazu biegen wir unmittelbar hinter der Brücke (White Bridge) rechts ab in die Brenton-on-Sea-Road und kommen alsbald an der wunderschönen Holzkirche *Belvidere* vorbei, der „Kirche zur schönen Aussicht". Die kleine Kirche wurde von dem Schwiegersohn von George Rex in Auftrag gegeben und 1855 geweiht.

Weiter geht es dann bis zur Küste zu dem reizenden Ferienort *Brenton on Sea* an der Buffalo Bay. Hier erwarten

Eindrücke von der Garden Route

Eindrücke von der Garden Route

uns wieder endlose weiße Sandstrände. Der Ferienort *Buffalo Bay* liegt jedoch am anderen Ende der Bucht, wer ihn besuchen möchte, fährt zunächst zur N 2 zurück und nimmt die nächste Abfahrt links „Buffalo Bay Turnoff". Gleich links an der Straße befindet sich die *Buffalo Valley Game Farm*. Auf einer 3 km langen Rundfahrt kann man vom eigenen Auto aus Antilopen, Gazellen, Zebras und andere Tiere beobachten.

Wilderness National Park

Der Wilderness Nationalpark ist nicht, wie manchmal angegeben, 10.000 ha groß, sondern „nur" 2.612 ha, er wird aber umgeben von der 10.000 ha großen National Lake Area, ebenfalls einem Naturschutzgebiet mit vielen Seen und Sümpfen. Der Nationalpark erstreckt sich südlich der N 2 auf einem 28 km langen Küstenstreifen von Sedgefield bis zur Mündung des Touw River und geht nördlich der N 2 in die National Lake Area über. Auch hier gibt es das ganze Jahr hindurch Niederschläge, so dass die Vegetation üppig und grün gedeihen kann. Im September und Oktober fällt der meiste Regen (130 mm/Monat), der Februar ist mit 75 mm der trockenste Monat. Durch die üppige Vegetation, die vielen Seen und Sümpfe, das warme Klima und das Nebeneinander von Salz- und Süßwasserseen gibt es hier zahlreiche Wasservogelarten, darunter Flamingos, Löffler und der Knysna Lourie.

Der Ort *Wilderness* direkt an der N 2 ist ein netter, kleiner Ferienort, gleich hinter dem westlichen Ende des Ortes befindet sich ein braunes Hinweisschild nach rechts zum Wilderness National Park Rest Camp. Dort werden wir die Nacht verbringen auf einem sehr schönen Platz direkt am Touw River. Vom Camp aus startet ein 10 km langer Wanderweg, der *Pied Kingfisher Trail*, durch Wälder, am Fluss und auch ein Stück an der Küste des Indischen Ozeans entlang. Wanderpläne gibt es bei der Rezeption.

Die Fahrt zum Wilderness Nationalpark erfolgt je nachdem, wieviel Zeit Sie haben, von Buffels Bay aus direkt über die N 2, das sind bis Wilderness 50 km, oder über die interessante und abwechslungsreiche Strecke über die Seven Passes Road, dieser Weg ist 30 km länger und bedeutend langsamer zu fahren.

Die *Seven Passes Road* ist die alte Hauptverbindung zwischen George und Knysna, und es geht, wie der Name schon sagt, über sieben Pässe. Wer sich für diese Route entscheidet, nimmt am Ortsausgang von Knysna hinter der Brücke den Rheenendal Turnoff in Richtung Phantom Pass oder Rheenendal/Barrington. Es geht über den Phantom- und Homtinipass bis Barrington und dann weiter vorbei an hohen Gummi- und Eukalyptusbäumen und wilden Gebirgsbächen bis George. Unterwegs gibt es immer wieder Abzweigungen zur parallel verlaufenden Küstenstraße N 2, so dass man die Fahrt abkürzen kann, wenn's einem zu viel wird.

Ich würde allerdings empfehlen, auf der N 2 direkt nach Wilderness zu fahren und vom Rest Camp aus eine etwas kleinere Rundfahrt durch den Nationalpark zu machen. Dazu benutzt man den hinteren Ausgang vom Camp über die beiden kleinen Brücken, man hält sich dann auf der Teerstraße links Richtung Lake Area, fährt durch die schöne Seenlandschaft und kommt am

Swart-Lake kurz vor Sedgefield wieder auf die N 2. Der *Swart Lake* ist der größte natürliche Binnen-Salzsee in Südafrika. Hier kann man schwimmen, Wasserski fahren, Boot fahren, surfen oder segeln. Sedgefield ist malerisch eingebettet zwischen kiefernbewachsenen Hügeln und dem Meer mit herrlichen Sandstränden. Über die N 2 sind wir dann schnell wieder in Wilderness.

George
George liegt auf halbem Wege zwischen Knysna und Mossel Bay, aber 10 km entfernt von der N 2 an der N 12 in Richtung Oudtshoorn. Der Ort liegt am Fuße der Outeniqua Mountains, die gleich im Norden der Stadt auf 1.579 m ansteigen (Cradock's Berg). Georgetown, wie die Stadt ursprünglich hieß, wurde 1811 gegründet. 1842 baute man die Dutch Reformed Church, diese hat eine berühmte Kanzel aus Stinkwood und eine Kuppel aus Yellowwood, sowie die katholische Kirche St. Peter und St. Paul.
Wer es irgendwie organisieren kann, sollte eine Fahrt mit dem *Outeniqua Choo Tjoe Train* machen. Das ist eine Schmalspur-Dampfeisenbahn, die durch die landschaftlich herrliche Gegend ca. 100 km von George nach Knysna fährt. Interessant ist die Überquerung der tiefen Schlucht des Kaaimans River bei Wilderness. Mit etwas Glück sehen wir den Zug bei Knysna über die wie ein Steg durch die Lagune führende Brücke dampfen oder in der Nähe des Rest Camps im Wilderness Nationalpark vorbeiziehen. Der Zug verkehrt jeden Tag außer an Sonntagen, verlässt George morgens um 9:30 Uhr, ist um 12 Uhr in Knysna, fährt dort um 14:15 Uhr zurück und ist um 16:57 Uhr wieder in George. Der Roundtrip kostet etwa 45 Rand, genau erfahren Sie das von Outenique Choo Tjoe, George Station, George 6530, Tel.: (0441) 73 82 88 oder Knysna Station, Rex Street, Knysna 6570, Tel. (0445) 2 13 61, dort können Sie sich auch Plätze reservieren lassen.

Mossel Bay
Die landschaftlich so schöne Garden Route endet in Mossel Bay, denn hier verlässt die N 2 die Küste. Denn während die N 2 nach Westen weiterläuft, geradewegs nach Kapstadt, macht die Küste hier einen Schlenker nach Süden, und zwar so weit, dass der südlichste Punkt Afrikas gar nicht das Kap der Guten Hoffnung ist, sondern Cape L'Agulhas, der südlichste Zipfel eben jenes „Schlenkers", den sich die Südküste Südafrikas hier kurz vor Kapstadt leistet.

Mossel Bay ist ein Ferienort mit etwa 35.000 Einwohnern an der gleichnamigen Bucht. Den Namen haben Bucht und Ort von den vielen Muscheln, die es hier an den weitläufigen Stränden gibt. Bartholomëu Diaz war bereits 1488 hier und Vasco da Gama neun Jahre später, aber erst 1787 wurde der Ort gegründet, mit dem Bau eines Kornspeichers und des Hafens. Große Bedeutung hatte der Hafen zur Blütezeit der Straußenfederproduktion (s. nächstes Kapitel) um die Jahrhundertwende, als hier jährlich bis zu 8.000 dz Straußenfedern verschifft wurden. Heute lebt die Stadt von der Verarbeitung von Erdöl und Erdgas, das man draußen vor der Bucht gefunden hat, und natürlich von uns, den Muscheln suchenden Besuchern aus aller Welt!

Eindrücke von der Garden Route

Die Garden Route

Lage:
200 km langer Küstenstreifen entlang der N2 zwischen Storms River im Osten und Mossel Bay im Westen.

Provinz: West-Kap

Auskunft
Garden Route Marketing Ltd.
P.O. Box 349
Mossel Bay 6500
Tel.: (0444) 911228, Fax: 174 74 74

Garden Route Information Centre
P.O. Box 1614
George 6530
Tel.: (0441) 73 63 14, Fax: 74 68 40

Little Brak Marketing Assoc.
P.O. Box 25
Mossel Bay 6500
Tel.: (0444) 912202, Fax: 3077

Knysna Tourism Accomodation
P.O. Box 87
Knysna 6570
Tel.: (0445) 82 69 60, Fax: 21609

Eco-Tourism Association
P.O. Box 188
Wilderness 6560
Tel.& Fax: (0441) 8770045

Wilderness National Park
P.O. Box 7400
Rogge Bay 8012
Tel.: (021) 222810, Fax: 246211

Übernachten
Beacon Island Hotel
P.O. Box 1001, Plettenburg Bay 6600
Tel.: (04457) 31120, Fax: 33880
DZ 460 R/Person

Knysna Protea Hotel
51 Main Street, Knysna 6570
Tel.: (0445) 22127, Fax: 23568
DZ 200–250 R/Person

Karos Wilderness Hotel
N2 National Road, Wilderness 6560
Tel.: (0441) 877 1110, Fax: 877 0600
DZ 200–250 R/Person

Camping
Wilderness National Park Ebb & Flow Rest Camp
P.O. Box 35, Wilderness 6560
Tel.: (0441) 877 1197, Fax: 877 0111
45 R/Nacht, sehr schöner Platz am Touw River

Essen & Trinken
The Islander
N2 National Road, Plettenburg Bay 6600
Tel. & Fax: (04457) 7776

The Pirate
George Rex Drive, Knysna 6570
Tel.: (0445) 23710

Spur Minnesota
55 Marsh Str., Mossel Bay 6500
Tel.: (0444) 911306

Besichtigungen
* Knysna mit Millwood House (geöffnet Mo bis Fr von 9:30 bis 16:30 Uhr, Sa von 9:30 bis 12:30 Uhr)
* Plettenberg Bay
* Outeniqua Choo-Tjoe Train (verkehrt täglich außer So um 9:30 Uhr ab George, 45 Rand für den Roundtrip, Info von Outenique Choo Tjoe, George Station, George 6530, Tel.: (0441) 73 82 88 oder Knysna Station, Rex Street, Knysna 6570, Tel.: (0445) 21361,
* Buffalo Valley Game Farm (geöffnet täglich von 11 bis 15 Uhr, So von 9 bis 17 Uhr, Eintritt 20 Rand/Person)
* Wilderness National Park

Oudtshoorn und die Straußenfarmen

Die meisten Besucher der Garden Route fahren vom Wilderness Nationalpark nicht direkt auf der N 2 nach Mossel Bay, sondern machen einen Abstecher zu dem 70 km im Inland liegenden *Oudtshoorn,* um sich dort eine Straußenfarm anzusehen. Wir haben in einem der Tierparks sicher schon einen oder mehrere Strauße gesehen, aber hunderte auf einer großen Wiese – das sollte man sich nicht entgehen lassen. Außerdem erfährt man eine ganze Menge über diese Vögel.

Von George sind es auf der N12 noch 59 km bis Oudtshoorn. Die Straße führt uns in die Outeniqua Mountains und über den Outeniqua Pass in ein weites Tal mit fruchtbarem Farmland. Im Norden wird das Tal von den Großen Swartbergen begrenzt. Sie erreichen bei Ladismith eine Höhe von 2.325 m (Swartberg). Durch Obstplantagen, Gemüse-, Getreide- und Tabakfelder nähern wir uns dem Ort. Dabei erblicken wir schon rechts und links der Straße eingezäunte Felder mit Straußen, bevor wir ins „Weltzentrum der Straußenzucht" kommen.

Oudtshoorn

Oudtshoorn wurde 1847 gegründet. Damals betrieb man in dem fruchtbaren Tal, das von den Flüssen Olifants- und Grobbelaars River ausreichend mit Wasser versorgt wird, reine Landwirtschaft. Einen Aufschwung erfuhr der Ort, als man in den siebziger Jahren des vergangenen Jahrhunderts begann, Strauße zu züchten, denn deren Federn waren zu jener Zeit in Europa sehr beliebt und wurden gut bezahlt. Um die Jahrhundertwende gab es hier bis zu 250.000 Strauße. Die „Federbarone" bauten sich prunkvolle Paläste, die auch heute noch als „Federpaläste" bezeichnet werden, z.B. „Pinehurst" aus dem Jahre 1911.

Nach Ausbruch des Ersten Weltkrieges hatten die Europäer andere Sorgen, als sich mit Straußenfedern zu schmücken. Das Geschäft der „Federbarone" brach zusammen, jedoch nicht ganz. Oudtshoorn lebt auch heute noch gut von und mit seinen Straußen, denn man exportiert jetzt nicht nur die Federn, sondern macht viel mehr Gewinne mit dem sehr teuren Leder, dem Fleisch und den Eiern, die Knochen werden zu Düngemehl verarbeitet, und was von so einem Vogel dann noch übrig bleibt, wird an die Krokodilfarmen als Tierfutter verkauft. Außerdem ist das touristische Geschäft nicht zu ver-

Der Strauß als Teilnehmer am Straßenverkehr

Oudtshoorn und die Straußenfarmen

achten: mehrere Straußenfarmen in Oudtshoorn bieten eineinhalb bis zweistündige Touren an, bei denen man viel über die größten Vögel unserer Erde lernen kann. In der gepflegten Atmosphäre fühlt man sich wohl, es gibt Führungen in verschiedenen Sprachen, in dem Andenkenladen kann man sich Straußenwaren kaufen, z.B. Eier, Federn oder (sehr teure) Taschen aus Straußenleder.

Das CP Nel Museum in Oudtshoorn informiert ausführlich über die Geschichte der Straußenzucht.

Der Vogel Strauß

Der Strauß ist der größte heute lebende Vogel und der größte Laufvogel der Welt. Er kann bis zu 3,10 m groß und 160 kg schwer werden. Dabei nimmt der Hals etwa die Hälfte der Körpergröße ein. Der Strauß ist zwar ein Vogel, kann aber nicht fliegen. Dafür kann er sehr schnell laufen, bis 80 km in der Stunde auf kurze Strecken. Seine Schrittlänge beträgt dabei bis zu 4 m.

Das Gefieder ist sehr locker und beim Männchen schwarz, beim Weibchen braun. Flügel und Schwanz sind mit weißen Federn geschmückt. Diese langen, lockeren Federn waren schon immer die Begierde des Menschen, und vor der Zeit der Straußenfarmen wurden die Straußenbestände wegen dieser Federn stark dezimiert. Kopf, Hals und Beine sind nackt. Der Kopf ist für diesen 160 kg-Burschen erschreckend klein, und er besteht fast nur aus dem Schnabel und zwei riesig großen Augen, die mit langen, schwarzen Wimpern geschmückt sind. Für Gehirn bleibt nicht viel Platz, aber für die Bedürfnisse dieser Vögel reicht es offensichtlich aus. Sie durchstreifen zur Nahrungssuche in größeren oder kleineren Gruppen die offene Landschaft und sind dabei sehr wachsam. Ihre langen Hälse ermöglichen es ihnen, die Feinde schon aus großer Entfernung zu erspähen und sich rechtzeitig in Sicherheit zu bringen (oder den Kopf in den Sand zu stecken?).

Strauße sind Allesfresser: Körner, Pflanzen, Blätter und Früchte verschwinden in ihren Mägen, aber auch kleine Tiere, Würmer und Schildkröten – und Schrott! Perlen, Schlüssel, Autoteile und Schrauben hat man in Straußenmägen genauso gefunden wie große Mengen Steine. Diese benötigt der Strauß aber, um die Nahrung im Magen zu zermalmen.

Es ist nicht verwunderlich, dass auch die Straußeneier die größten der Welt sind. Ein Straußenei wiegt 1,6 kg, ist etwa 16 cm lang und hat eine 2 mm dicke Schale, die man nur mit einem Hammer aufschlagen kann. Ein Straußenei entspricht 24 Hühnereiern, man macht daraus Omelett oder Rührei.

Das Straußenweibchen legt 6 bis 8 Eier in ein Nest, das eigentlich nur eine Sandmulde von 2–3 m Durchmesser ist. Dabei kommen die Eier der „Freundinnen" des (polygamen) „Ehe-

mannes" in dasselbe Nest. Danach werden die Nebenhennen verjagt, und Vater und Mutter Strauß brüten die Eier aus. Das Brüten dauert gut 6 Wochen und ist eigentlich mehr ein Beschatten der Eier. Dabei brüten die Männer nachts, die Frauen am Tage. Sobald die Jungen geschlüpft sind, wird die Frau verjagt, die Aufzucht der Jungen ist Männersache. Die kleinen Strauße sind bei der Geburt bereits 1 kg schwer und können schon gleich nach dem ersten Tag ihre Nahrung selbst suchen. Die Aufgabe des Vaters ist es, sie zu den Futterplätzen zu führen und vor zu großer Sonnenstrahlung und Feinden zu beschützen.

Steckt der Strauß nun aber den Kopf in den Sand, wenn Gefahr droht?

Nein, keinesfalls! Er legt sich flach über das Gelege oder seine Kinderschar, schützt sie mit seinem Körper und Gefieder und legt den Kopf und Hals flach *auf* den Boden, damit es ausschaut wie ein trockener Ast eines Baumes. Das hilft in vielen Fällen, und wenn es nicht hilft, wird der Strauß sehr böse und kämpft gegen den Feind mit seinen langen Beinen. Jeder Fuß hat zwei Zehen, die längere ist mit einer starken Klaue versehen, und mit dieser hat der Strauß schon so manchen Gegner in die Flucht gejagt.

Von wegen Kopf in den Sand…

Die Straußenzucht war früher ein lukratives Geschäft, aber auch heute lohnt es sich noch. 150 bis 200 Farmer leben in der Umgebung von Oudtshoorn mehr oder weniger von der Straußenzucht.

Die Tiere werden alle 9 Monate gerupft (die großen Federn werden geschnitten, um die Tiere nicht zu quälen), dabei werden ca. 1 kg Federn pro Tier gewonnen. 250.000 Strauße soll es heute auf den südafrikanischen Farmen geben, weitere 30.000 in den USA, 8.000 in Israel, 5.000 in Australien, und auch in Deutschland sollen schon 1.500 bis 2.000 Zuchtstrauße leben. 70 % der in Südafrika gewonnenen Federn gehen nach wie vor nach Europa, der Rest wird in Südafrika verarbeitet, z. B. zu Staubwedeln.

Ebenfalls begehrt sind die Eier, und zwar als Nahrungsmittel und auch als Souvenir.

Immer beliebter wird das Fleisch, auch in Europa. Der Strauß ist ab dem 15. Monat schlachtreif und liefert 15 kg Steak oder Filet. Das Fleisch ähnelt im Geschmack Rindfleisch, ist aber magerer und sehr arm an Cholesterin und Kalorien. Ein großer Teil des Fleisches wird zu *Biltong*, gewürztem, getrocknetem Straußenfleisch verarbeitet.

Am einträglichsten ist aber die Haut: das genarbte Straußenleder ist teuer und wird zu Handtaschen, Geldbörsen u. Ä. verarbeitet.

Ostrich Show Farm

In Oudtshoorn kann man mehrere Straußen- (Ostrich-) Farmen besichtigen. Man bekommt die Straußen-Zuchtanlage zu sehen, erfährt eine Menge über Strauße und die Straußenzucht, wir sehen die Brutanlage und können kleine Straußenküken streicheln, auf den Vögeln kann man auch reiten, und es findet ein Rennen der Giganten statt. Im Souvenirladen kann man Straußenfedern und -eier erwerben oder Taschen aus Straußenleder und andere Dinge. Im Restaurant oder in der Gartenwirtschaft werden Ostrich-Burger und Ostrich-Steak sowie Omelett aus Straußenei oder auch das harte Biltong-Fleisch angeboten.

Oudtshoorn und die Straußenfarmen

Von Oudtshoorn nach Mossel Bay durch die herrlichen Outeniqua Mountains

Die „Highgate Ostrich Show Farm" liegt an der R 328 nach Mossel Bay kurz hinter der Brücke über den Olifants River. Geöffnet ist täglich von 7:30–17 Uhr, die Tour dauert 1,5 bis 2 Stunden und kostet 18 Rand pro Person. Tel.: (0443) 227115, Fax: 227111. Die „Safari Show Farm" liegt ebenfalls an der R 328, nur wenige Meter vor der Highgate-Farm, an der linken Seite der Straße. Öffnungszeiten, Eintrittspreis und das Dargebotene entsprechen denen der Highgate-Farm. Tel.: (0443) 227311, Fax: 225896.

Die Dritte im Bunde ist die „Cango Ostrich Farm", sie liegt am anderen Ende der Stadt, und zwar auf halbem Wege zwischen Oudtshoorn und den Cango Caves. Sie ist etwas kleiner, Tel.: (0443) 224623.

Noch vor den Höhlen, gleich am Ortsausgang links, liegt die „Cango Crocodile Ranch and Cheetahland". Neben ca. 300 Krokodilen gibt es hier Schlangen, Raubkatzen und Flusspferde zu sehen. Geöffnet ist täglich von 9 Uhr bis Sonnenuntergang. Tel.: (0443) 225593, Fax: 224167.

Cango Caves

Die *Cango Caves* liegen 27 km nördlich von Oudtshoorn an der R 328 Richtung Prince Albert. Kurz hinter der Stadt führt die Straße halbrechts durch einen Tunnel, dann sind wir bald am Ziel.

Die Cango Caves nördlich von Oudtshoorn liegen am Fuße der Großen Swartberge. Im Innern herrscht eine konstante Temperatur von 18° C, deshalb wurde die Höhle schon in Urzeiten von den Buschmännern als Unterschlupf benutzt. Sie wurden 1780 wie-

Die Cango Caves zählen zu den großen Wundern der Natur

der entdeckt und von einem Mann namens van Zyl in ihrem ersten Teil erforscht. Nach ihm ist auch die erste unterirdische Halle des riesigen Höhlensystems benannt.

Die erste Höhle, Cango I, ist ca. 1.000 m lang und hat etliche Hallen und viele wunderschöne Tropfsteinformationen, die mit bunten Scheinwerfern angestrahlt sind und so dem Besucher eine wahre Märchenwelt vorspielen. Diese erste Höhle ist für Touristen geöffnet, und zwar täglich von 8–17 Uhr, im Winter von 9–15 Uhr, Führungen gibt es zu jeder vollen Stunde, die Führung dauert 1 Stunde.

Die größte Halle, die Van Zyl's Halle, ist 70 m lang, 35 m breit und 17 m hoch. Sie bietet 1.000 Personen Platz, und wegen der sehr guten Akustik werden hier gelegentlich Konzerte abgehalten.

Nach intensiven Untersuchungen entdeckte man 1972 und 1975 mehrere Verlängerungen von Cango I und nannte sie Cango II, III und IV. Cango II hat eine Länge von 270 m, Cango III ist 1.600 m lang und Cango IV über 400 m. Und noch ist das ganze System nicht erforscht. Es besteht die Vermutung, dass es noch weitere Höhlen in diesem gewaltigen System gibt. Die neu entdeckten Höhlen 2 bis 4 sind jedoch nur Forschern zugänglich.

Wer sich genauer über das Phänomen solcher Höhlen informieren möchte, dem sei der hervorragende Bildband „Ich war in der Unterwelt" von G.E. Schmitt empfohlen.

Nach Mossel Bay

Highgate und Safari Ostrich Farm liegen an der R 328 nach Mossel Bay. Es sind 90 km auf guter Straße durch die Outeniqua Mountains. Dabei überque-

Abend am Meer bei Mossel Bay

Mossel Bay ist bekannt durch seine vielen prächtigen Muschelschalen

Oudtshoorn und die Straußenfarmen

ren wir den Gebirgszug auf dem interessanten *Robinson Pass,* der bis auf 838 m ansteigt. Von der Passhöhe hat man einen schönen Ausblick über das Meer.

Mossel Bay wurde 1857 gegründet, hat einen geschäftigen Hafen und einen schönen Strand. Wissenswertes über die Geschichte der Stadt erfährt man im Bartholomeu Dias Museum am Museum Square. In einem anderen Museum, dem Maritime Museum, kann man eine getreue Replik von Dias' Schiff sehen, mit dem er 1488 die Mossel Bay entdeckt hatte.

Eine Bootsfahrt nach *Seal Island* rundet den Besuch von Mossel Bay ab. Dort gibt es Seehunde und Delphine zu sehen, aber auch Wale und den großen weißen Hai.

Oudtshoorn

Lage:
Am westlichen Ende der Garden Route, jedoch 70 km landeinwärts an der N 12.

Provinz: West-Kap

Einwohner: 52.000

Auskunft
Oudtshoorn Tourist Info
Baron van Reede Street
P.O. Box 1452, Oudtshoorn 6620
Tel.: (0443) 292532, Fax: 292946

Mossel Bay/Little Brak Mktg. Assoc.
P.O. Box 25, Mossel Bay 6500
Tel.: (0444) 912202, Fax: 04443077

Übernachten
Holiday Inn Garden Court
Corner Baron van Reede & Van der Riet Str.
P.O. Box 52, Oudtshoorn 6622
Tel.: (0443) 222201, Fax: 223003
DZ 250–300 R/Person

Eight Bells Mountain Inn
Rt. 328 zw. Mossel Bay und Oudtshoorn
P.O. Box 436, Mossel Bay 6500
Tel.: (0444) 951544, Fax: 951548
DZ 150–200 R/Person

Camping
De Bakke Resort
Louis Fourier Road, P.O. Box 25
Mossel Bay 6500
Tel.: (0444) 912215, Fax: 911912
Direkt am Meer, 45 R/Nacht

Essen & Trinken
Cango Crocodile Ranch
Cango Rd., Oudtshoorn 6620
Tel.: (0443) 292656

De Bakke Restaurant
George Str., Mossel Bay 6500
Tel.: (0444) 912321
Spezialität: Fischgerichte

Besichtigungen
* CP Nel Museum, Baron van Reede Str., Oudtshoorn 6620, geöffnet Mo bis Sa von 9 bis 12 und 14 bis 17 Uhr, So von 14:30 bis 17 Uhr.
* Straußenfarm, z. B. Die „Highgate Ostrich Show Farm" an der R 328 nach Mossel Bay kurz hinter der Brücke über den Olifants River. Geöffnet ist täglich von 7:30–17 Uhr, die Tour dauert 1,5 bis 2 Stunden und kostet 18 Rand pro Person. Tel.: (0443) 227115, Fax: 227111.
* Cango Caves (geöffnet täglich außer 25. Dez. von 8 bis 17 Uhr, außerhalb der Saison von 9 bis 16 Uhr. Führungen jeweils zur vollen Stunde. Tel.: (0443) 227410, Fax: 228001.

In Mossel Bay sind wir dem Ende unserer Reise schon sehr nahe.
Es folgt noch eine Fahrt zu den Städten im Norden von Kapstadt mit wunderschönen Häusern im kapholländischen Stil, wir machen eine Weintour durch die Weinanbaugebiete nördlich von Kapstadt, und dann geht es herunter zum Kap der Guten Hoffnung,

Am Kap der Guten Hoffnung

dem zwar nicht südlichsten Punkt Afrikas, aber sicher einem der interessantesten Punkte der Erde, denn hier treffen zwei Ozeane aufeinander, der Indische Ozean und der Atlantik.
Vorher jedoch spulen wir erst einmal die 171 km von Mossel Bay nach Swellendam auf der N 2 ab, um uns diesen netten Ort anzuschauen.

Swellendam

Swellendam liegt etwa 1 km abseits der N 2, ein Wegweiser zeigt uns aber den Weg. Gleich am Ortseingang gibt es einen Parkplatz, der auch für Wohnmobile geeignet ist. Dort parken wir, um uns die Stadt anzuschauen.
Sie ist die drittälteste Stadt Südafrikas und wurde 1745 gegründet. Früher lebten hier die Hassekwa, ein Stamm der Hottentotten. Die Stadtgründung erfolgte dann, wie viele andere auch, durch die Holländisch-Ostindische Handelsgesellschaft. Der Ort entwickelte sich zu einem Zentrum der Wollindustrie und zu einer Handels- und Verwaltungsstadt. Aus der Gründerzeit sind noch einige Gebäude im sogenannten „kapholländischen Stil" erhalten und gut restauriert.
Gleich gegenüber vom Parkplatz am Ortseingang befindet sich das *Drostdy Museum* (Drostdy = Landvogtei). Es besteht aus verschiedenen historischen Gebäuden, die öffentliche, städtische und ländliche Wohnungen einschließen. Die Drostdy wurde 1747 von der Holländisch-Ostindischen Kompanie erbaut und war der Sitz des Vogtes von Swellendam. Das Museum beherbergt eine Sammlung schöner, alter Kapmöbel. Das *Alte Gefängnis* wurde kurz nach der Drostdy erbaut und hat im vorderen Bereich eine Wohnung für den Polizisten. Das *Mayville-Haus* stammt von 1853/55 und ist eine Mischung aus kapholländischem und kapgeorgianischem Stil. Angeschlossen ist ein Garten mit Rosen und Pflanzen der damaligen Zeit. Das *Zanddrift Restaurant* ist die Reproduktion eines kapholländischen Farmhauses.
Etwas weiter die Hauptstraße (Voortrekker Str.) entlang kommen wir zu einer großen, schneeweißen Kirche an der rechten Straßenseite. Es ist die *St. John Kirche* von 1910. Wir fahren auf der Hauptstraße weiter und kommen an mehreren schönen kapholländischen Häusern vorbei.
Die Voortrekker Straße mündet später wieder in die N 2 ein, auf der wir nach Stellenbosch weiterfahren.

Cape Agulhas

Wer etwas Zeit hat und an den südlichsten Punkt Afrikas möchte, biegt 13 km hinter Swellendam von der N 2 ab und nimmt die R 319 zum *Cape Agulhas,* 83 km auf der R 319. Der südlichste Punkt ist leider nicht sehr attraktiv und auch längst nicht so be-

Am Kap der Guten Hoffnung

sucht wie das Kap der Guten Hoffnung, das aber knappe 50 km weiter nördlich liegt. Außerdem behaupten die Kaphalbinsulaner, dass an ihrem Kap der Atlantische und der Indische Ozean aufeinander prallen. In Wahrheit geschieht diese Verbrüderung hier am Kap Agulhas. Hier aber ist der Strand steinig und flach, es gibt natürlich einen Leuchtturm, den zweitältesten Südafrikas (1848) und eine Radio-Sendestation, sonst aber keine „Lockvögel" für die Touristen.

Stellenbosch

Wein passt zu allen Gelegenheiten, das ist das Schöne an ihm. Nicht übermäßiger Mengengenuss, sondern der verständig und andächtig genossene edle Tropfen bewirkt die in unserer hektischen Zeit so wohltuende Entspannung und erweckt Muße und Fröhlichkeit.

Ihr „Public Relations" betreiben die südafrikanischen Weinbauern echt amerikanisch: Jedes Weingut ist ansprechend gestaltet, mit Bäumen, Blumenrabatten, Grünanlagen und sehr schönen Häusern, und fast alle sind offen für Besichtigungen und Weinproben. So kann man sich täglich von 10 bis 17 Uhr durch die Vineyards „tasten" und muss nur schauen, dass man bei der Heimfahrt nicht von der Polizei erwischt wird, denn die hat auch in Südafrika Alkohol am Steuer nicht gern. Zur eigenen Sicherheit sollte man beim „Wine Tasting" nicht übertreiben, oder rechtzeitig einen Cola-Trinker als Fahrer ausdeuten.

Blau in Blau – Abendstimmung am Meer

Die St. John Kirche an der Voortrekker Street in Swellendam

Das Drosty Museum in Swellendam

Das Hauptanbaugebiet für die südafrikanischen Weine liegt nördlich von Kapstadt um Stellenbosch und Paarl herum. Die Fahrt dorthin ist ganz einfach, denn die Abfahrt Stellenbosch von der N 2 ist in Sommerset West deutlich angeschrieben. Über die R 44 sind es dann noch 18 km bis Stellenbosch.

Gleich am Ortseingang ist rechts „Mountain Breeze" ausgeschildert, hier liegt der Caravanplatz, auf dem wir heute übernachten, obgleich der Platz nicht sehr schön ist. Der zweite Campingplatz des Ortes ist aber miserabel und gar nicht zu empfehlen.

Stellenbosch ist ein nettes, kleines Städtchen mit 56.000 Einwohnern am Eerste River gelegen. Es ist nach Kapstadt die zweitälteste europäische Siedlung in der Gegend und wurde bereits 1679 gegründet. Ähnlich wie in Swellendam gibt es auch hier eine große Zahl gut erhaltener Häuser im kapholländischen Stil. Die schönsten Häuser in Stellenbosch stammen aus der Zeit zwischen 1775 und 1820, als das Dorf einen Anblick unvergleichlicher Schönheit geboten haben muss.

Wenn wir unser Fahrzeug im Stadtzentrum bei der Tourist-Information oder an dem großen Platz „Braak" im Zentrum parken, können wir die schönsten Häuser zu Fuß besuchen.

Rund um den Platz finden wir: im Süden die „Rheinische Kirche", sie wurde 1832 von der Stellenboscher Missionsgesellschaft für Sklaven und Farbige erbaut. Das „Rheinische Institut", Bloemstraat 3, beherbergt das P.J.Olivier-Kunstzentrum. Daneben befindet sich die „Rheinische Volksschule" und auf einem Verkehrsteiler der Market Street das „VOC Pulvermagazin". VOC steht für Verenigde Oos-Indische Companjie. Diese ließ das Magazin 1777 errichten, der neoklassische Glockenturm kam erst später hinzu.

Im Norden des Platzes finden wir das „Bürgerhaus" von 1797, darin befindet sich heute das Hauptquartier der Gesellschaft historischer Häuser Südafrikas. Gegenüber steht das kleine „Kutscherhaus", reetgedeckt und mit schönen Schafskeulengiebeln. Daneben stehen „Laetitia", „Alexanderstraat 46" mit den Büros der Bezirksbehörde und die „Drostdy-Herberge", früher ein Hotel, jetzt eine Ladenpassage. Gegenüber, auf dem Braak, steht die „St. Marienkirche" aus dem Jahre 1852.

Andere schöne Häuser finden wir in der Ryneveldstraat: Bachelors, Eben Dönges Kunstgalerie (Hausnummer 52), Erfurthaus (Nr. 37), die Synagoge, Skuinshuis (das schräge Haus, Nr. 44), das Altdorfmuseum (Nr. 18) und das Neethlinghaus (Nr. 31).

Die meisten schönen, alten Häuser finden wir in der Dorpstraat, man kann sie hier nicht alle aufzählen, nur einige seien genannt: die Alte Lutherische Kirche, das Schreuderhaus, das Blettermanhaus, das Grosvenorhaus, das Berghhaus, die Mutterkirche, Onkel Samies Laden, Libertas Parva und der Keller von Libertas Parva (Dorpstraat 31), in dem sich das Stellenryck-Weinmuseum befindet.

Unbedingt besuchen sollte man den „Rheinischen Gebäudekomplex" hinter der Tourist-Information. An dieser Gebäudegruppe ist ein Stück architektonischer Geschichte von Stellenbosch abzulesen, und zwar der kaphölländische Stil an dem alten Pastorenhaus, eine Mischung von kaphölländischem und englischem Stil am Leipoldt-Haus und typisch englischer Stil an dem doppelstöckigen Gebäude. Ebenfalls zu dem Komplex gehören die einfacheren Kaphäuser an der Marktstraße einschließlich dem Haus, in dem die Tourist-Information untergebracht ist.

Weiterhin ist das „Dorpmuseum" an der Ryneveld Straße zwischen Kerk und Plein Straße zu empfehlen. Auch hier sehen wir viele gut erhaltene Häuser, so das Schreuderhaus von 1709, das Blettermanshaus von 1789, das Grosvenorhaus von 1803 und das Haus von O. M. Bergh von 1850.

Wine Tasting

Dann begeben wir uns auf die Weinroute, eine Tour durch das Winzerland, gekennzeichnet durch Schilder mit einer weißen, gewundenen Straße auf grünem Rechteck, darüber eine grüne Weintraube auf rotem Kreis. Der Stellenbosch-Weinroute sind 28 Weingüter angeschlossen, es sind in der Regel parkähnliche Anlagen mit schönen Gebäuden, sehr guten Restaurants und guten Weinen zum Probieren. Die Weingüter sind von 8:30 oder 9 Uhr bis 16 oder 17 Uhr geöffnet, samstags nur vormittags, sonntags sind sie geschlossen bis auf einige wenige, die in der Saison auch sonntags zu besichtigen sind. Lagepläne mit den aktuellen Öffnungszeiten bekommen Sie im Hotel oder auf dem Campingplatz, bei der Touristeninformation oder vom Büro der Wine Route unter Tel. (021) 8 86 43 10, Fax 8 86 43 30.

Sehr schön gelegen und nur 5 km nördlich von Stellenbosch an der R 44 ist das Weingut „Morgenhof". Neben der Weinprobe und der Besichtigung der Anlage kann man hier sehr gut speisen, und es gibt den ausgezeichneten „Blanc de M", außerdem „Sauvignon Blanc" und „Chardonnay" sowie den roten „Merlot" und einen guten Portwein.

Die benachbarten Weinanbaugebiete sind Paarl und Franschhoek.

Wir verlassen Stellenbosch auf der R 310, die stetig ansteigt und den Helshoogte-Pass überwindet. Von der Passhöhe in 336 m ü.d.M. hat man einen schönen Ausblick über das Weinland. Auf der anderen Seite des Passes befindet sich rechts das Weingut *Boschendal*. Das Herrenhaus dieses Gutes stammt aus dem Jahre 1812, ist ein prächtiges Beispiel kapholländischer Architektur und steht unter Denkmalschutz. Auch hier kann man Wein probieren oder im Restaurant speisen, das Herrenhaus mit altem Mobiliar kann ebenfalls besichtigt werden, tägl. von 11–13 und 14–16 Uhr.

Die R 310 mündet dann bald rechtwinkelig in die R 45, dort geht es links nach Paarl und rechts nach Franschhoek.

Nach *Paarl* sind es etwa 18 km. Der Ort liegt in einem fruchtbaren Tal am Berg-River, hat knapp 90.000 Einwohner und wurde 1717 gegründet. Die älteste Straße der Stadt ist die Main Street, sie ist 11 km lang, mit Eichen bepflanzt und hat etliche sehenswerte Gebäude, darunter die „Strohdachkirche" von 1805 und Oude Pastorie, das alte Pfarrhaus von 1787. Paarl ist eine bedeutende Weinstadt, hat sechs Weingüter und zehn Winzergenossenschaften. Auch hier gibt es eine ausgeschilderte Weinroute, eine Karte mit den notwendigen Informationen erhält man beim Touristenbüro in der Main Street 216, Tel. (02211) 2 48 42.

Wenn Sie Paarl nicht besuchen möchten, entscheiden Sie sich an der Kreuzung für die Straße, die rechts nach 15 km nach Franschhoek führt. Der kleine Ort mit nur knapp 3.500 Einwohnern wurde 1688 von Hugenotten gegründet, die dort alsbald begannen, Wein anzubauen. Heute produzieren sie Spitzenweine, und es gibt auch hier eine Weinroute zu den einzelnen Weingütern, die alle in dem malerischen Franschhoek-Tal liegen.

Am südlichen Ortsausgang sehen wir das *Hugenotten-Denkmal*, es wurde 1938 errichtet zum 250. Jahrestag der Besiedlung des Tales durch die Hugenotten. Dann steigt die Straße wieder an und windet sich auf den Franschhoek-Pass in 701 m Höhe, von dem aus es wieder einen wunderschönen Blick über das Weinland gibt.

Wir folgen dann der Straße nach Grabouw, überwinden noch einen kleinen Pass (Viljoen's Pass, 525 m ü.d.M.), stoßen bei Grabouw auf die N 2 und fahren über Sommerset West nach Stellenbosch zurück.

Die Kap-Halbinsel
Die Kap-Halbinsel erstreckt sich von Kapstadt bis herunter zum Cape Point und zum Kap der Guten Hoffnung. Im Westen tost der kalte Atlantik, im Osten liegt die wärmere, riesig große *False Bay*. (Sie heißt „Falsche Bay" weil frühere Seefahrer in die Bucht hinein gefahren sind in der Annahme, dass sie dort nach Kapstadt kommen würden).

Die Halbinsel ist 52 km lang und ca. 16 km breit. Wir erreichen sie auf der N 2 von Somerset-West aus, indem wir die N 2 kurz hinter dem Ort verlassen und die R 310 nach Muizenberg/Fish Hoek nehmen. Diese Straße führt an der Ostküste der Halbinsel entlang bis zum Kap. Immer wieder kommt man an herrliche Sandstrände und Badebuchten, die Rückfahrt an der Westküste entlang verläuft an der Steilküste und zum Teil auf dem spektakulären Chapman's Peak Drive, so dass allein diese Rundfahrt ein echtes „Südafrika-Erlebnis" ist.

Wir kommen zunächst durch den kleinen Badeort *Muizenberg*, der mit seinen langen, weißen Stränden und den vielen kleinen Ferienhäusern ein beliebtes Naherholungsziel der Kapstädter ist. Mit Kapstadt ist der Badeort durch eine elektrische Schnellbahn

Am Kap der Guten Hoffnung

verbunden. Dem Ort vorgelagert ist die 2 ha große Insel *Seal Island*, hier leben 50.000 Seehunde, die Insel wird von Ausflugsdampfern angefahren. Im Westen der Stadt gibt es das Naturschutzgebiet *Silvermine Nature Reserve* in einer wunderschönen Berglandschaft, die zu etlichen schönen Wanderungen einlädt.

St. James und *Fish Hoek* sind die beiden nächsten Badeorte, und 6 km weiter gelangen wir nach *Simon's Town*, der Ausbildungsstätte der südafrikanischen Kriegsmarine. Unsere Küsten-

straße ist ab Muizenberg die M4, hier in der Ortsdurchfahrt von Simon's Town heißt sie St. George's Street, und der Abschnitt zwischen Bahnhof und Jubilee Square ist die „historische Meile". Hier stehen etliche hübsche Häuser aus dem 18. und 19. Jahrhundert, achten Sie darauf bei der Durchfahrt. Die Geschichte der südafrikanischen Seefahrt kann man im Maritime Museum nachvollziehen. Hier in Simon's Town endet auch die elektrische Schnellbahn von Kapstadt.

Am Kap der Guten Hoffnung

Dann geht es herunter zum südlichen Zipfel der Halbinsel, der seit 1939 Naturschutzgebiet ist, das *Cape of Good Hope Nature Reserve.* Es umfasst 8.000 ha mit 40 km Küste. Im Park gibt es Antilopen, Strauße, Paviane und andere Tiere und 1.200 südafrikanische Pflanzen, unter ihnen die herrlichen *Proteen,* denen wir überall am Wegesrand begegnen. Eine Karte mit Beschreibung des Geländes bekommt man am Parkeingang, dort muss man auch den Obolus von 5 Rand pro Person entrichten. Im Park gibt es etliche Picknickplätze, Badestrände, Photospots und Wanderwege, aber keinen Campingplatz. Die Straße führt dann geradewegs herunter zum Kap.

Endlich am Ziel! Vor uns liegt das *Kap der Guten Hoffnung,* wie oft haben wir davon gehört und gelesen – jetzt stehen wir am Ende der Straße und blicken herab zum Kap, auf das tosende Meer und einige Schiffe weit draußen am Horizont.

Cape Point heißt der südlichste Zipfel der Halbinsel, das ist zwar nicht der südlichste Punkt Afrikas, aber die Kar-

Am Kap der Guten Hoffnung

Der neue Leuchtturm am Kap der Guten Hoffnung

An der Ostküste im De Hoop Nature Reserve

Endlich am Ziel: Vor uns liegt das Kap der Guten Hoffnung

Am Kap der Guten Hoffnung

tografen haben festgelegt, dass hier der Indische und der Atlantische Ozean aufeinandertreffen. Ein großer Parkplatz nimmt alle Autos auf, es gibt Wege zum Restaurant und zu den beiden Leuchttürmen und auch einen Wanderweg zum Kap der Guten Hoffnung, das einige hundert Meter weiter im Westen liegt. Oben vom Cape Point schauen wir herunter auf das Kap und denken an Bartolomëu Diaz, der das Kap 1488 als erster umsegelte und ihm den Namen Cabo de Boa Esperanza, Kap der Guten Hoffnung gab. Der nächste Kap-Umsegler war Vasco da Gama 1497, als er den Seeweg nach Indien entdecken wollte.

Es gibt zwei Leuchttürme, einen alten und einen neuen. Der alte Leuchtturm wurde 1860 gebaut und steht auf dem Felsen auf einer Höhe von 249 m. Er war zwar weithin sichtbar, aber oft in Nebel gehüllt. Da das Kap jährlich von mehr als 20.000 Schiffen umfahren wird, wollte man die Sicherheit erhöhen und baute 1919 einen neuen Leuchtturm 100 m tiefer.

Eine halbe Million Besucher kommen jährlich, lassen sich den Wind um die Ohren wehen und genießen den Ausblick über die beiden Weltmeere und herunter zum Kap.

Wem der Wanderweg zum Kap zu beschwerlich oder zu zeitaufwendig ist, kann es auch mit dem Auto oder Wohnmobil erreichen. Dazu fahren wir die Straße ein Stück zurück und biegen dann links ein in die Stichstraße zum Kap. Am Ende gibt es einen Parkplatz, dann muss man jedoch einen kurzen, aber steilen Aufstieg zum Plateau machen: wir stehen am Kap der Guten Hoffnung!

Auf dem Rückweg halten wir uns hinter dem Ausgang links auf der M 65 und erreichen nach 20 km den Fischerort Kommetjie. Die Straße verlässt dann die Küste und trifft im Zentrum der Halbinsel auf die M 6, der wir nach Westen folgen, um dann eine der spektakulärsten Küstenstraßen der Welt zu befahren, den *Chapman's Peak Drive*.

Dieser 10 km lange Straßenabschnitt ist in das steile Bergmassiv des Chapman's Peak hineingesprengt und gemeißelt worden und windet sich in Serpentinen in 150 m Höhe zwischen Berg und brausendem Meer an der Küste entlang. Dabei haben die Straßenbauer die Bedürfnisse der Touristen und Fotografen erkannt und etliche Parkplätze und Parkbuchten eingebaut, so dass man die herrlichen Aussichten auch wirklich genießen kann. Nach jeder Kurve gibt es einen neuen, fantastischen Ausblick auf die Hout Bay, den Atlantik oder die umliegenden Berge an der Küste. Diese tolle Straße endet in dem Küstenort Houtbay, dort müssen wir uns entscheiden, ob wir die Küstenstraße M6 westlich um den Tafelberg herum nehmen wollen oder die M 63 im Osten des Tafelbergs, dort kommen wir an Kirstenbosch Botanical Gardens, Claremont Public Gardens, Rhodes Memorial und Mostert's Mill vorbei (→ Kapstadt).

Planen Sie für die 200 km-Rundfahrt einen ganzen Tag ein und machen Sie ihn in der von mir beschriebenen Reihenfolge, denn anders herum fahren Sie immer im Schatten der Berge. An der Westküste gibt es zudem spektakuläre Sonnenuntergänge zu beobachten.

Die Kap-Region

Lage:
Südwestspitze des afrikanischen Kontinents

Provinz: West-Kap

Auskunft
Stellenbosch Tourist Information
Marktstr. 36,
Stellenbosch 7600
Tel.: (021) 8833584, Fax: 8838017

CAPTOUR Tourist Information Centre
Adderley Street, P.O. Box 1403
Cape Town 8000
Tel.: (021) 4185214, Fax: 4185227

Übernachten
Stellenbosch Hotel
Corner Dorp- and Andringa Str.
P.O. Box 500, Stellenbosch 7599
Tel.: (021) 8873644, Fax: 8873673
DZ 200–250 R/Person

Van Riebeeck Hotel
67 Beach Road, P.O. Box 10,
Gordon's Bay 7150
Tel.: (021) 8561441, Fax: 8561572
DZ 150–200 R/Person

Camping
Mountain Breeze Caravan Park
Strand Road (R44), P.O. Box 367
Stellenbosch 7599
Tel.: (02231) 900200, 40 R/Nacht

Sea Breeze
P.O. Box 38, Gordon's Bay 7150
Tel.: (021) 8561400, Fax: 8562673
45 R/Nacht

Essen & Trinken
Doornbosch Restaurant
Strandstr., Stellenbosch 7600
Tel.: (021) 8866163

Two Oceans Restaurant, Cape Point
Kap der Guten Hoffnung
Tel.: (021) 709100

Neptune's Cavern
7 Bay Crescent, Gordon's Bay 7150
Tel.: (021) 856 1511, Seafood

Empfehlenswert sind außerdem die Restaurants in vielen der Weingüter.

Besichtigungen
* Swellendam (Häuser im kapholl. Stil. Drostdy Museum geöffnet von Mo–Fr von 9 bis 16:45 Uhr, Sa und So von 10 bis 15:45 Uhr. Eintritt 5 Rand. Büro: Swellengrebelstr. 18, Swellendam 6740, Tel.: (0291) 41138, Fax: 42675).
* Stellenbosch (Dorpmuseum geöffnet Mo–Sa von 9:30 bis 17 Uhr, So von 14 bis 17 Uhr).
* Weingüter (Büro der Wine Route unter Tel. (021) 8864310, Fax 886 4330).
* Morgenhof Wines, Klapmuts Road, Stellenbosch 7599, Tel.: (021) 8895510, Fax 8895266, geöffnet Mo–Fr von 9 bis 16:30 Uhr, Sa von 10 bis 15 Uhr, So von 10 bis 15 Uhr von Okt bis Mai.
* Kap-Halbinsel (Rundfahrt) mit Kap der Guten Hoffnung
* Chapman's Peak Drive

In und um Kapstadt

Kapstadt wird oft als eine der schönsten Städte der Welt bezeichnet.
Bezüglich der Lage gilt dieser Superlativ ganz gewiss. Und wenn man dann noch die nähere Umgebung mit einbezieht, die Kaphalbinsel, den Botanischen Garten, die herrlichen Strände und das Weingebiet im Norden, dann gehört Kapstadt auf jeden Fall zu den Städten dieser Welt, die man unbedingt gesehen haben sollte.
Und wir sind nun am Ziel! Die N 2 hat uns über 1.500 km von Swaziland hierher geführt, und wir genießen den herrlichen Ausblick auf die Stadt vor der imposanten Kulisse des Tafelberges. Von *Bloubergstrand,* 25 km nördlich von Kapstadt, hat man den schönsten Blick auf die Stadt und den Tafelberg.
Ein kleiner Tip: In der großen Stadt ist man mit dem Wohnmobil etwas unbeweglich. Da unsere Reise hier zu Ende geht, könnte man daran denken, das Wohnmobil gleich zu Beginn des Kapstadt-Besuches zurückzugeben, mit Sack und Pack für 2–3 Nächte in ein Hotel zu ziehen und einen Mietwagen zu nehmen.

Kapstadt ist die viertgrößte Stadt Südafrikas. Es ist die Verwaltungshauptstadt des Bezirks West-Kap und in der ersten Jahreshälfte auch Sitz des Parlaments. Sie erinnern sich: diese Funktion teilen sich Pretoria und Kapstadt in halbjährlichem Wechsel.

Des Weiteren hat Kapstadt bedeutende Industrieanlagen und den zweitgrößten Hafen Südafrikas. Zwei Universitäten, Technische Hochschulen und viele andere Schulen, dazu etliche Museen, Kunstakademien, das Kapstädter Philharmonische Orchester u. a. machen die Stadt auch zu einem wichtigen Kulturzentrum.

Der Anteil der schwarzen Bevölkerung beträgt nur etwa 15 %. Vor der Ankunft der Weißen gab es hier nur nomadische Hottentotten und Buschmänner, die klassischen Siedlungsgebiete der Zulu, Xhosa und anderen schwarzen Stämme waren weit entfernt, und so entstand hier die erste und damit älteste europäische Siedlung des Kontinents. *Jan van Riebeeck* landete am 6. April 1652 in der Tafelbucht und gründete im Auftrag der Holländisch-Ostindischen Handelsgesellschaft einen Stützpunkt, der sich wegen seiner strategisch hervorragenden Lage bald zu einer wichtigen Handelsstadt entwickelte. Heute hat die Stadt ca. 800.000 Einwohner, im Großraum Kapstadt sind es sogar 2,5 Millionen.

Die Innenstadt
Das Tolle an Kapstadt ist nicht unbedingt die Innenstadt, es sei denn, man ist ein Fan von Wolkenkratzern und Großstadtgewimmel. Das Zentrum können wir relativ schnell „abhaken", ich empfehle für Großstädte sowieso immer eine organisierte Bus-Rundfahrt, man sieht und hört viel und kann sich dann die Stellen, die ein besonderes Interesse erweckt haben, herauspicken und später in Ruhe besuchen. Busrundfahrten werden in großer Zahl angeboten, erkundigen Sie sich im Hotel oder auf dem Campingplatz.

In und um Kapstadt

Wir fahren ins Zentrum und folgen den Wegweisern zum „Castle". Dort gibt es große Parkplätze, und das *Castle of Good Hope* sollten wir besuchen. Es ist das älteste Steingebäude Südafrikas und wurde 1666 zum Schutze der Siedler errichtet. Auf einem Rundgang kann man die Festungsanlage besichtigen, Eintritt 5 Rand.

Wir lassen das Auto hier stehen und gehen die Darling Street herauf, am Paradeplatz vorbei und kommen zur *City Hall* an der linken Straßenseite. Dieser Bau ist eine Mischung aus italienischem Neorenaissance-Stil und britischem Kolonialstil. Der Uhrenturm ist 60 m hoch und hat ein Glockenspiel. Das Rathaus stammt aus dem Jahre 1905.

Die Darling Street stößt dann auf die *Adderley Street,* das ist die Haupteinkaufsstraße der Stadt.

Rechts herauf, an dem großen Verkehrskreisel, steht die *Jan van Riebeeck Statue.* Sie zeigt den Stadtgründer mit seiner Frau Maria.

Links herunter, also in südwestlicher Richtung, steht an der linken Seite der

Die Victoria and Alfred Waterfront und der Tafelberg

In und um Kapstadt

Die Bergstation auf dem Tafelberg

Adderley Street die *Groote Kerk*. Dies ist die älteste Kirche Südafrikas, sie stammt von 1703 und ist die Mutterkirche der Dutch Reformed Church. Schräg gegenüber steht die *St. George's Cathedral,* das ist ein Sandsteinbau aus der Jahrhundertwende und Sitz des anglikanischen Erzbischofs von Südafrika.

Schräg gegenüber auf der anderen Straßenseite befinden sich die *Houses of Parliament,* also die Regierungsgebäude, in denen in der ersten Jahreshälfte das Parlament arbeitet.

Die ganze gegenüberliegende Straßenseite wird von dem *Company's Garden* eingenommen, das ist ein wunderschön angelegter Park oder Botanischer Garten, in dem man sich ein Weilchen erholen kann. Es gibt ein Café, einen Rosengarten und viele, viele Blumen. Am südwestlichen Ende des Parks liegen das South African Museum, die South African National Galery sowie das Kulturhistorische Museum Südafrikas.

Im Nordosten dieser Oase, an der Longmarket Street, befindet sich das *Old Town House* und der *Greenmarket Square*. Der Greenmarket Square ist ein kleiner, kopfsteingepflasterter Platz, auf dem es wochentags einen Flohmarkt gibt. Umrahmt wird der Platz von einigen Gebäuden im Art déco-Stil sowie an der Westseite von dem Alten Rathaus im kapholländischen Stil von 1755.

In der gemütlichen Atmosphäre der *Perseverance Tavern* in der Buitenkant Street 83 können wir uns von dem Rundgang bei einer Tasse Kaffee erholen. Es ist der älteste Pub in Kapstadt.

Die Victoria and Alfred Waterfront
Wenn eine Stadt ein unattraktives Hafenviertel zu einem Vergnügungszentrum macht, dann ist dieses Projekt anscheinend immer von Erfolg gekrönt.

In und um Kapstadt

San Francisco hat seine Fisherman's Wharf, New York hat den South Street Seaport und Kapstadt hat die *Victoria and Alfred (V&A) Waterfront,* genannt nach Königin Victoria und ihrem Sohn.

Dies ist ein Vergnügungsviertel, das rund um die beiden Becken des alten Hafens direkt 1 km vor dem Stadtkern gebaut worden ist bzw. noch gebaut wird, denn es sind noch etliche Erweiterungen geplant. Noch vor wenigen Jahren war dies eine finstere Gegend, und kein Tourist hat sich dorthin verlaufen. Heute gibt es wohl keinen Besucher, der die V&A Waterfront nicht besucht. Aber auch die Einheimischen sind angesprochen. Es sind dort ganz bewusst Büros etabliert worden, und in der weiteren Ausbaustufe werden jetzt Wohnungen erstellt. Rund um die beiden Hafenbecken wurden unzählige Restaurants, Kneipen, Boutiquen und Souvenirläden angesiedelt sowie drei Hotels, damit man gleich am Ort des Geschehens nächtigen kann, zwei Theater und die Business School der Universität Kapstadt, und viele, viele Geschäfte. Man hat, wo es möglich war, die alte Bausubstanz erhalten, aber auch die Neubauten wurden in das Gesamtbild sehr schön integriert, so dass hier wirklich ein ansprechendes Viertel entstanden ist, das Tag und Nacht die Besucher anzieht und unterhält. Es kostet keinen Eintritt und die Preise in den Restaurants sind ganz normal. Es ist herrlich, hier in einem Café draußen zu sitzen und das rege Treiben zu beobachten oder in dem Freilichttheater einer der zahlreichen Darbietungen zu lauschen.

Es gibt das *South African Maritime Museum,* das *Fisheries Museum* und das *Schifffahrtsmuseum* am alten Uhrenturm, alle drei mit Exponaten zur Seefahrt und Fischerei, es gibt die Victoria, ein nachgebautes Segelschiff von 1770, es gibt die Victoria Wharf, ein riesiges, nett gestaltetes Einkaufszentrum und vieles mehr.

Das Hafenbecken mit den hübschen Gebäuden und dem Tafelberg im Hintergrund ist ein beliebtes Fotomotiv für Einheimische und Touristen. An mehreren Stellen starten Hafenrundfahrten, z.B. 30 Minuten für 30 Rand, das sollte man sich gönnen.

Und ganz wichtig, denn es steht in allen Prospekten: „For your safety and security, the Waterfront provides 24 hour professional patrol, all year round", im Vergnügungsviertel patrouillieren rund um die Uhr Sicherheitskräfte.

Tafelberg

Wer nach Kapstadt fährt und nicht auf den *Tafelberg* geht, müsste bestraft werden, bzw. er ist bestraft, denn er hat das Schönste von Kapstadt und eines der Highlights der Südafrikareise versäumt. Der Ausblick herunter vom Plateau des Tafelberges ist einfach gigantisch!

Der Berg ragt im Westen der Stadt schroff empor und erreicht eine Höhe von 1.087 m. Oft ist die Spitze in Wolken gehüllt, man sagt dann, der Table Mountain sei von einem „Tafeltuch" bedeckt. Wenn das Plateau wolkenfrei ist, sollte man schnell hinauf, denn das Wetter ändert sich rasch, und wenn ringsum die Sonne scheint, ist der Berg doch oft von Wolken verhüllt.

Es gibt über 300 Wanderwege, leichtere und schwerere, aber alle müssen die gut 1.000 Höhenmeter überwinden. Es werden auch geführte Touren angeboten, diese dauern im Schnitt

In und um Kapstadt

zwischen 2 und 4 Stunden. Einfacher geht's mit der Seilbahn, das dauert nur sieben Minuten, das Schlange stehen allerdings oft über eine Stunde!

Schon von der Talstation der „Cable Way", die auf 366 m Höhe liegt, hat man einen tollen Blick auf die Stadt, und wenn man oben ist, verschlägt es einem fast die Sprache. Wir schauen herab auf die tief unter uns liegende Stadt und die Table Bay, wir überblicken den Atlantik und die Berge der Kaphalbinsel, nur das Kap der Guten Hoffnung kann man von hier aus nicht sehen.

Wir wenden den Blick wieder nach Norden und sehen links einen Gebirgszug, der die Stadt gegen die scharfen Westwinde abschirmt. Es ist der *Lions Head* (669 m), der nach Norden hin als „Rumpf des Löwen" (Lion's Rump) abfällt. Dort befindet sich ein Aussichtspunkt, den man mit dem Auto über die Straßen Kloof Nek und Signal Hill Road sehr gut erreicht. Es ist der 350 m hohe *Signal Hill,* von hier aus hat man einen tollen Blick auf einen Teil der Stadt und den Tafelberg, besonders schön ist es hier, wenn der Tafelberg abends angestrahlt ist (Dezember bis April). Nach Osten hin wird die Stadt abgeschirmt durch den *Devil's Peak* (1.001 m). Ausläufer des Tafelberges nach Südwesten hin sind die *Zwölf Apostel,* ihnen zu Füßen liegen etliche Badeorte am Atlantik, die man teilweise von hier oben auch erblicken kann.

Weit draußen in der Tafelbucht erkennen wir die ehemalige Gefangeneninsel *Robben Island,* auf der z.B. auch Nelson Mandela gefangen gehalten war. Die Insel dient heute nicht mehr als Gefängnis, man überlegt, ob man sie – ähnlich wie Alcatraz vor San

Francisco – touristisch nutzen will. Die Bergstation der Cable Car liegt in 1.067 m Höhe, von hier aus gibt es einige kurze Wanderwege, der höchste Punkt des Plateaus ist *Maclear's Beacon* und liegt 1.087 m ü.d.M. In einem Restaurant kann man sich stärken und erholen, vom Schauen und Fotografieren. Nehmen Sie unbedingt genügend Filmmaterial mit!

Wir erreichen die Talstation der Seilbahn vom Zentrum aus über die Buitengracht und Kloof Nek Road. Dort, wo sich die Straße dann sternförmig aufteilt, folgen wir dem Schild links auf der Table Mount Road zur Talstation. Die Seilbahn wurde am 4. Oktober 1929 eröffnet und befördert jährlich etwas über eine halbe Million Besucher auf den Berg.

Kirstenbosch Botanical Gardens

Auch wenn Sie kein ausgesprochener Fan von Botanischen Gärten sind: in diesen Botanischen Garten müssen Sie gehen!
Kirstenbosch Botanical Gardens zählt zu den schönsten Gärten der Welt und liegt 13 km südlich vom Stadtkern. Man erreicht den Botanischen Garten über die M 3 in Richtung Muizenberg, bei der ersten Ampel rechts abbiegen, also nach Süden, dann die M 63 (Rhodes Drive) bis zum Haupteingang, dort gibt es genügend Parkplätze, auch für Wohnmobile.
Der Botanische Garten ist 528 ha groß, der bearbeitete Teil umfasst 36 ha. Der Eintritt beträgt 5 Rand/Person, dafür bekommt man einen Plan, nach dem man die einzelnen Abteilungen gut findet. Auf jeden Fall besuchen müssen wir die *Proteen-Abteilung*, sie liegt im hinteren Teil des Gartens. Die Protea

Kirstenbosch Botanical Gardens zählt zu den schönsten Gärten der Welt

Schon an der Talstation der Tafelberg-Seilbahn liegt uns Kapstadt zu Füßen

ist die Nationalblume Südafrikas, es gibt sie in unzähligen Variationen, und sie ist wunderschön.

Im Kirstenbosch Botanical Garden gibt es hauptsächlich einheimische Pflanzen, und zwar über 6.000 Arten.

Als Jan van Riebeeck 1660 nach Kapstadt kam, pflanzte er auf dem Gelände des heutigen Botanischen Gartens eine Hecke aus Wilden Mandeln, um das Vieh zu schützen. Ein Teil dieser Hecke steht heute noch, und zwar unterhalb des Mathews Steingartens *(Van Riebeeck Hecke)*. Außerdem pflanzte man viele europäische *Eichen* als Schattenspender, achten Sie auf einige wunderschöne und riesige Exemplare. Das Acker- und Weideland wurde 1895 von Cecil John Rhodes erworben, um es für die Bewohner Südafrikas zu bewahren. Er pflanzte die Alleen von *Feigen-* und *Kampferbäumen,* die heute ein besonderes Merkmal des Gartens sind. Als Rhodes 1902 starb, vermachte er den Garten der Stadt, und 1913 wurde der Kirstenbosch Botanical Garden gegründet.

Der Garten hat 16 Abteilungen, die man an einem Tag sicher nicht alle besuchen kann. Neben dem Proteengarten sollten man vielleicht noch den Kräutergarten besuchen, den Steingarten und Birds Bad, ein Wasserbecken in Form eines Vogels, das aus vier klaren eiskalten Quellen gespeist wird. Es liegt in dem ältesten Teil des Gartens und ist wie ein Tropischer Regenwald bewachsen.

Auch hier weist uns ein großes Schild darauf hin, dass wir hier sicher sind und uns unbesorgt bewegen können, denn der Park ist von bewaffneten Wächtern bewacht!

Auf der Rückfahrt zur Stadt können wir uns noch zwei Dinge anschauen: *Rhodes Memorial* und *Mostert's Mill*, beides links und rechts der M 3 etwa auf halbem Wege zurück ins Zentrum. Cecil Rhodes, dem Mann, der sein Land für den Botanischen Garten zur Verfügung gestellt hat, wurde ein Denkmal gebaut, eine recht große Anlage, mit Reiterdenkmal und steinernen Löwen.

Auf der anderen Seite der M3 steht *Mostert's Mill*, eine echte holländische Windmühle von 1796, die heute wieder in Betrieb ist.

Am Ende der Reise

Abends fahren wir noch einmal auf den Tafelberg, nicht zu spät, denn wir wollen den Sonnenuntergang erleben und Kapstadt beobachten, wenn nach und nach die Lichter angehen. Die tief unter uns liegende Stadt im Dämmerschein der untergehenden Sonne ist ein unvergesslicher Anblick. Und unvergessen soll er bleiben, dieser Blick vom Tafelberg wie auch die ganze Reise durch Südafrika.

Ja, es war eine schöne Reise, wir haben viel gesehen, erlebt und erfahren.

Südafrika, ein fernes Land, ein unbekanntes Land, ein unheimliches Land?
Nun, ich hoffe, dass Ihnen dieses Land nach dieser Reise nicht mehr ganz so unbekannt ist und gar nicht mehr unheimlich.

Südafrika – weites Land von unbezwingbaren Naturschönheiten, ist die Heimat der „Big Five", ich hoffe, Sie haben sie alle gesehen. Wenn nicht, dann kommen Sie ganz einfach wieder – Südafrika freut sich auf Ihren Besuch!

In und um Kapstadt

Kapstadt (Cape Town)

Lage:
An der Südwestspitze von Afrika, 45 km nördlich vom Kap der Guten Hoffnung.

Provinz: West-Kap

Einwohner: 800.000 (Großraum 2,5 Mio)

Auskunft
CAPTOUR Tourist Information Centre
3 Adderley Street, P.O. Box 1403
Cape Town 8000
Tel.: (021) 4 18 52 14, Fax: 4 18 52 27

Übernachten
Holiday Inn Garden Court
Greenmarket Square, P.O. Box 3775
Cape Town 8000
Tel.: (021) 23 20 40, Fax: 23 36 64
DZ 320 R/Nacht

Camping
Sea Breeze
Waterways Road, P.O. Box 38
Gordons Bay 7150
Tel.: (024) 56 14 00, Fax: 56 26 73
45 R/Nacht (800 m vom Meer entfernt)

Hendon Park Holiday Resort
Faure Marine Drive, P.O. Box 3
Gordons Bay 7150
Tel.: (024) 56 13 24, Fax:
45 R/Nacht (direkt am Meer)

Essen & Trinken
In Kapstadt gibt es unzählige Restaurants aller Nationalitäten und Preisklassen.
Gut essen mit Blick aufs Wasser kann man an der V&A Waterfront.
* „The Perseverance", 83 Buitenkant Street, ist das älteste Pub der Stadt, Tel.: (021) 4 61 24 40.
* Black Steer Steakhouse
  Shop 18, Constantia Village,
  Cape Town, Tel.: (021) 7 94 31 18

Besichtigungen
* Die Innenstadt zu Fuß
* Stadtrundfahrt (z.B. mit „Cape Town Tours",
  Tel. (021) 6 37 57 63).
* Hafenrundfahrt
* Kirstenbosch Botanical Garden (geöffnet täglich von 8 bis 19 Uhr, im Winter nur bis 18 Uhr, Eintritt 5 Rand. Es gibt hier auch ein sehr schönes Restaurant, Auskunft unter Tel. (021) 7 61 49 16)
* Victoria & Alfred Waterfront
* Tafelberg (Die Seilbahn fährt täglich je nach Jahreszeit von 7 bzw. 8:30 Uhr bis 22:30 bzw. 17:30 Uhr. Bei starkem Wind wird der Betrieb eingestellt. Hin- und Rückfahrt kosten 30 Rand, über den Seilbahnbetrieb können Sie sich telefonisch erkundigen unter Tel.: (021) 4 18 52 14, unter dieser Nummer können Sie auch Karten vorbestellen, das erspart das Schlange stehen).

In und um Kapstadt

Kapstadt und der Tafelberg, vom Signal Hill aus gesehen

Reise-
informationen

Alkohol
An Sonn- und Feiertagen darf in öffentlichen Bars kein Alkohol ausgeschenkt werden.

Apotheken
Sie heißen *Chemists* oder *Apteek*, hier kann man u.a. rezeptfrei Malariamedikamente kaufen. Sie sind auch gleichzeitig Drogerien.

Ärztliche Versorgung
Es gibt kein nationales Gesundheitswesen, europäische Krankenscheine werden nicht akzeptiert. Wir empfehlen deshalb eine internationale Reise-Krankenversicherung.

Auskunft
Auskünfte über Südafrika erhalten Sie vom South African Tourism Board in Frankfurt (→ Nützliche Adressen).

Autofahren
In Südafrika herrscht *Linksverkehr*. Der Fahrer sitzt rechts und der Schalthebel ist links, d.h. zusätzlich zum Linksverkehr muss man sich daran gewöhnen, mit der linken statt mit der rechten Hand zu schalten, und Blinker- und Scheibenwischer-Hebel sind vertauscht. Man gewöhnt sich aber recht schnell an die neue Situation, schließlich fahren ja alle auf der „falschen" Straßenseite.
Die Geschwindigkeitsbegrenzung in geschlossenen Ortschaften beträgt 60 km/h, auf Landstraßen 100 km/h und auf einigen Freeways 120 km/h.
Es herrscht Anschnallpflicht und Alkoholverbot (Alkohol-Promillegrenze = 0,8). Zuwiderhandlungen werden streng bestraft.

Automobilclub
Wenn Sie Mitglied eines Automobilclubs, z.B. ADAC oder AvD sind, können Sie unter Vorlage des gültigen Mitgliedsausweises den Gastservice des südafrikanischen Automobilklubs „Automobile Association of South Africa" in Anspruch nehmen: Karten, Pannenhilfe, Straßenzustand.

Banken
Die Banken sind werktags von 9:00 bis 15:00 Uhr geöffnet, samstags von 9:00 bis 11:00. In kleineren Orten gibt es oft eine Mittagspause.
Die großen Banken tauschen Devisen und Reiseschecks. In allen größeren Städten gibt es auch Geldautomaten.

Benzin
Es gibt in Südafrika ein dichtes Tankstellennetz, trotzdem sollte auch hier die Regel gelten: jeden Morgen vor dem Start tanken und Wasser fassen! Super-Benzin kostet 2 R pro Liter, Diesel 1,80 R.

Bilharziose
In fast allen Bächen, Flüssen, Seen und Stauseen (außer Provinz Eastern Cape) kommt der Bilharzia-Parasit (shistosomiasis) vor. Er verursacht eine Wurmerkrankung, die tödlich verlaufen kann. Daher diese Gewässer meiden.

Camping
Es gibt in ganz Südafrika über 700 in der Regel gut ausgestattete Camping-

Reiseinformationen

Gemütliche Rast auf einem Campingplatz

plätze. Wir geben Ihnen nur immer einen empfohlenen und von uns erprobten Platz für die jeweilige Übernachtung. Einen ausführlichen Campingführer erhalten Sie in der Regel mit dem Wohnmobil.

Das Übernachten auf diesen Campingplätzen ist preiswert. Die meisten Plätze verfügen über Schwimmbad, Kinderspielplatz, Einkaufsläden und meist auch ein preisgünstiges Restaurant. Außerdem haben viele Plätze auch Chalets oder Rondavels, so dass auch der „normale" Pkw-Reisende hier preiswert übernachten kann.

Es gibt eine private Campingplatz-Kette „Club Caraville (CC)" und die staatliche Kette „Overvaal Resorts". Wenn Sie merken, dass die Plätze saisonbedingt gut belegt sind, ist es ratsam, sich von dem Platzwart bei der Abfahrt eine Reservierung für die nächste Nacht bei derselben Kette machen zu lassen.

Einkaufen

Wir kaufen meist im Supermarkt ein, weil man dort in der Regel immer einen Parkplatz auch für große Wohnmobile findet. Angebot und Preise der Supermärkte entsprechen deutschen Verhältnissen, so dass wir uns schnell zurechtfinden, auch preislich!
Preisbeispiele:
2 kg Kartoffeln 4.59 R, 4 kg Grillkohle 9.99 R, 1 Pfd. Butter 9.99 R, 1 großer Salat 4.05 R, 1 großes T-Bone Steak 15.98 R, $\frac{1}{2}$ l Mineralwasser 2.89 R, 200 g Gebäck 3.69 R, $\frac{1}{4}$ Pfd. Blue Cheese 6.25 R.
Essen im einfachen Restaurant z.B. Tomatensuppe, Hähnchen, Kaffee: 40 R.
Im Holiday Inn: Frühstück 27 R, Dinner 50 R pro Person.

Einreise

Ein Visum ist für Deutsche, Österreicher und Schweizer nicht nötig, ein gültiger Reisepass genügt.
Auch für die Fahrt durch Swaziland wird kein Visum mehr benötigt (dies ändert sich aber von Zeit zu Zeit, daher bitte vor der Reise beim Konsulat von Swaziland den aktuellen Stand erfragen!).

Elektrizität

Die Spannung in Südafrika ist 220/230 Volt 50 Hz. Die deutschen Geräte wie Rasierapparat und Haarfön können also benutzt werden. Allerdings sind die Stecker anders, drei runde Stifte im Dreieck angeordnet. Entsprechende Adapter gibt es in Elektrogeschäften oder Supermärkten zu kaufen, wenn Sie Glück haben.

Essen

Andere Völker, andere Sitten, aber so anders sind die Essensgewohnheiten hier gar nicht. Die Südafrikaner sind begeisterte Griller, und wer gerne grillt, ist hier genau richtig: „Braaivl-

Reiseinformationen

eis", Grillen im Freien, auf den Campingplätzen, im heimischen Garten oder auch in Hotels. Gegrillt wird alles: Rind, Schwein, Lamm, Hammel, die „Boerewors", eine geringelte Bratwurst oder ganz einfach wunderschöne Steaks. An der Küste wird natürlich viel Fisch gegessen und gegrillt. In der Gegend von Kapstadt bemerken wir einen malaiischen Einfluss: „Boboti" ist ein im Ofen überbackener Curryauflauf mit Hackfleisch vom Lamm. In Durban gibt es viele indische Speisen: „Samoosa" sind kleine dreieckige Teigtaschen mit Fleisch- oder Gemüsefüllung, mit Curry scharf gewürzt, sehr scharf!

Alle Speisen können Sie bedenkenlos essen, denn die südafrikanischen Lebensmittelgesetze sind so streng wie die unsrigen. Wasser, Bier, ausgezeichnete Weine, Salate, Obst und Gemüse, alles kann man mit großem Genuss verspeisen. Auf vielen Campingplätzen gehört eine individuelle Grillstelle zu jedem Abstellplatz.

Fahrverhalten

Den meisten Autofahrern ist ein Wohnmobil ein Dorn im Auge!
Ein Wohnmobil ist nun mal kein schneller Flitzer, das müssen auch die Pkw-Fahrer akzeptieren. Wenn so ein Mensch dann aber eine Schlange von 10 Autos über 15 oder 20 Minuten hinter sich herzieht, dann wird jeder irgendwann einmal sauer. Deshalb tun Sie bitte etwas für unser „Wohnmobil-Fahrer-Image" und fahren Sie auf eine Ausweichstelle, wenn Sie bemerken, dass Sie der Verursacher einer Autoschlange sind.

Feiertage

Es ist sehr unangenehm, hungrig vor einem Supermarkt zu stehen und nicht einkaufen zu können, weil gerade ein Feiertag ist.

Deshalb beachten Sie die Feiertage in Südafrika:

1. Jan.	Neujahr
21. März	Tag der Menschenrechte
März/April	Karfreitag
März/April	Ostermontag/Family Day
27. April	Tag der Verfassung
1. Mai	Tag der Arbeit
16. Juni	Tag der Jugend
9. August	Nationaler Frauentag
24. Sept.	Heritage Day
16. Dez.	Tag der Versöhnung
25./26. Dez.	Weihnachten

Fällt ein Feiertag auf einen Sonntag, so ist der anschließende Montag ein Feiertag.

Ferientermine

Ostern: ca. 30.3.–15.4.
Winter: ca. 29.6.–22.7.
Frühling: ca. 28.9.–7.10.
Sommer: Anfang Dezember bis Mitte Januar (ca. 6 Wochen)

Führerschein

Es gilt der deutsche Führerschein in Verbindung mit einem Internationalen Führerschein.

Hotels

In Südafrika gibt es eine große Zahl guter und hervorragender Hotels. Alle Hotels und Campingplätze sind beispielhaft sauber und dabei bedeutend preiswerter als vergleichbare Einrichtungen bei uns. SATOUR gibt jedes Jahr ein Hotelverzeichnis heraus mit den aktuellen Preisen. Die Qualität der Hotels erkennen Sie an der Anzahl der Sterne, ein bis fünf Stück.

Reiseinformationen

Das wunderschöne Edward Hotel am Donkin Reserve in Port Elizabeth

Preisbeispiele:
Holiday Inn Garden Court: Doppelzimmer ca. 300 R/Nacht; Edward Hotel, Port Elizabeth: DZ 312 R/Nacht; Bacons Island Hotel, Plettenberg Bay: DZ 920 R/Nacht.

Impfungen
Impfungen sind nicht vorgeschrieben, den Besuchern von Northern Province, Mpumalanga und dem Norden von Natal wird jedoch eine Malaria-Prophylaxe dringend empfohlen, besonders nachdem im Sommer 1996 wieder vermehrt Malaria-Erkrankungen registriert wurden. Wer aus Ländern mit Gelbfieber einreist, muss eine gültige Gelbfieberimpfung nachweisen (→ Bilharziose und Malaria).

Klima
Da das Land in der südlichen Hemisphäre liegt, sind die Jahreszeiten in Südafrika denen der nördlichen Halbkugel entgegengesetzt. Dezember und Januar ist Hochsommer mit den Sommerferien. Mai und Juni ist Herbst mit schönen Tagen und angenehm kühlen Nächten. Von Anfang Juli bis Ende September ist es relativ kalt und es regnet im Western Cape.

Kleidung
Die Kleidung sollte dem warmen, gemäßigten Klima angepasst sein. Legere Sommerkleidung mit Pulli für den Abend. Im Winter und Frühjahr entsprechend wärmer. Für gute Hotels und Restaurants benötigen Sie formelle Kleidung, also ein gutes Kleid für die Dame und eine Krawatte für den Herrn einpacken. Feste Schuhe sind für die Berge ein Muss, Turnschuhe sind dort der reine Leichtsinn.
Zur Malariaprophylaxe sollte man in gefährdeten Gebieten nach Anbruch der Dunkelheit möglichst lange Ärmel und lange Hosen tragen.

Kreditkarten
Die meisten internationalen Kreditkarten werden akzeptiert, z.B. Visa, MasterCard, Diners Club und American Express. In kleinen Orten oder kleinen Läden kann es, wie auch bei uns, zu Schwierigkeiten kommen.

Reiseinformationen

Kriminalität

In den südafrikanischen Großstädten ist die Kriminalität in den letzten Jahren gestiegen. Trotzdem gilt Südafrika als sicheres Urlaubsland, und es ist nicht bekannt, dass Touristen dort verschleppt oder getötet worden sind. In den Großstädten sollten Sie die gleichen Sicherheitsregeln beachten, wie in jeder Metropole der Welt. Hier einige allgemeine Ratschläge:

- Tragen Sie keine größeren Geldbeträge oder Schmuck mit sich herum.
- Achten Sie auf Handtasche und Fotoapparat.
- Gehen Sie nicht allein im Dunkeln spazieren.
- Benutzen Sie abends ein Taxi, aber von einem Hotelportier bestellt.
- Fahren Sie in Großstädten mit verschlossenen Autotüren.
- Stellen Sie Ihr Fahrzeug nicht in finsteren Nebenstraßen oder in Hafengebieten ab.
- Fahren Sie nonstop durch die Transkei
- Versuchen Sie, Ihr Reiseziel vor Einbruch der Dunkelheit zu erreichen.
- Treten Sie in armen Gegenden nicht als reiche Touristen auf, mit Kamera, Videokamera, Fernglas und dicker Bauchtasche behängt!

Malaria

Der Krügerpark und der St. Lucia Wetland Park sind ganzjährig malariagefährdet, wobei die Gefahr im Sommer größer ist als im Winter. Sie können sich von Ihrem Hausarzt eine Malaria-Prophylaxe verpassen lassen, diese muss 1 Woche vor der Reise beginnen. Oder Sie besorgen sich Tabletten für eine Bedarfstherapie, die Sie nur schlucken, wenn Verdacht auf Malaria-Infektion besteht. Einen hundertprozentigen Schutz gegen Malaria gibt es allerdings bis heute nicht. Wenn Sie eine Reise in Malariagebiete planen, sollten Sie sich in jedem Fall ausführlich bei Ihrem Arzt oder einem Tropeninstitut beraten lassen.

Die Inkubationszeit von Malaria beträgt 5 Tage bis zu mehreren Jahren. Achten Sie bei dem Aufenthalt im Malariagebiet darauf, dass die Mücken (Anopheles-Mücke) Sie möglichst nicht stechen können, also langärmelige Hemden, Auftragen von Insekten abweisenden Mitteln, mückendichte Fenster und die allabendliche Mückenjagd im Wohnmobil.

Maße und Gewichte

Es gilt das metrische System, also cm, m, km, g, kg usw. Die Entfernungen an den Straßen werden in km angegeben.

Mehrwertsteuer

VAT = Value Added Tax = Mehrwertsteuer von gegenwärtig 14% ist im Preis der meisten Waren und Dienstleistungen bereits inbegriffen.

Ausländische Besucher können die Mehrwertsteuer erstattet bekommen, wenn der Wert der erworbenen Waren 250 Rand übersteigt, Sie die Originalrechnungen vorlegen und ein entsprechendes Formular ausfüllen.

Ort der Handlung: Flugplatz, Hafen oder Zollamt bei der Ausreise.

Nationalparks

Neben vielen Wildparks und Naturreservaten gibt es auch in Südafrika einige Gegenden, die die internationalen Bedingungen für einen Nationalpark erfüllen und unter diesen besonderen Schutz gestellt wurden. Die Nationalparks Südafrikas sind:

Reiseinformationen

Nationalpark	Nähe	km²
Krüger N.P	Johannesb.	19.485
Kalahari Gemsbok	Upington	9.591
Richtersveld	Nord-Kap	1.624
Augrabies Falls	Upington	880
Karoo	Beaufort West	328
West Coast	Langebaan	325
Tankwa Karoo	Calvina	271
Vaalbos	Kimberley	225
Addo Elephant	Port Elizab.	510
Golden Gate Highlands	Bethlehem	116
Wilderness	Knysna	106
Royal Natal	Natal	81
Mountain Zebra	Cradock	65
Bontebok	Swellendam	32
Tsitsikamma Coastal	Plettenburg	325

Post

Die Postämter sind Mo bis Fr von 8:00 bis 16:30 geöffnet, Sa nur bis 12:00 Uhr. Ein Brief nach Übersee kostet 1,90 R, Postkarte 0,75 R. Die Briefkästen sind rot und meist in Form einer Säule.

Auf dem Postamt werden Auslands-Telefongespräche vermittelt.

Briefmarken gibt es nur auf dem Postamt.

Preise

Wir diskutieren im Verlag immer, ob wir Preise angeben sollen oder nicht. Die Preise haben die schlechte Angewohnheit, dass sie sich immer ändern. In der Regel zwar nur nach einer Richtung, aber stimmen tun diese Angaben meistens nicht. Trotzdem gebe ich die Preise für Übernachtungen, einige Lebensmittel und einige Eintrittspreise an, sie dienen zur Orientierung und geben Ihnen ein Gefühl dafür, was Sie preislich erwartet. Die angegebenen Preise gelten für 1996, schlagen Sie pro Jahr 7 % drauf, dann können Sie so falsch nicht liegen.

Reiseapotheke

Ich halte nicht viel von den medizinischen Selbstversorgern, eine kleine Reiseapotheke für den Notfall ist aber kein Fehler.

Ich empfehle:

Aspirin gegen Kopfschmerzen und beginnende Grippe, *Chinesisches Heilöl* gegen Schnupfen und beginnende Grippe, *Bach Rescue Cream* gegen alles, was mit der Haut zu tun hat, *Pflaster* und *Mückensalbe* sowie *Tabletten* zur Bedarfstherapie gegen Malaria, falls Sie nicht schon vor der Reise ein Mittel zur Prophylaxe eingenommen haben.

Dazu kommt natürlich Ihre persönliche Medizin, falls Sie welche brauchen. Diese Dinge können übrigens auch ins Ausland problemlos mitgeführt werden, es sei denn, die Zöllner finden die Salbe im Fass oder das Heilöl im 20-Liter-Tank.

Reisewetter

Südafrika hat immer Saison, denn auch im Winter (Juli!) beträgt die Temperatur in Mossel Bay z.B. 12–20 Grad. In Kimberley sind's dagegen nur 2 Grad über Null und hoch oben im Gebirge fällt auch Schnee. Unsere Kleidung muss sich also nach der Jahreszeit und der Gegend richten, die wir besuchen wollen. Für Wanderer empfiehlt sich eine Reise im Frühjahr oder Herbst. Im Winter muss man in Western Cape öfter mit Regen rechnen.

Sonderinformationen

Bei den südafrikanischen Fremdenverkehrszentralen sind ausführliche In-

Reiseinformationen

formationsblätter zu Spezialthemen erhältlich, z.B. Angeln, Camping, Essen & Trinken, Tauchen, Wandern, Weinrouten u.v.m.

Sonnenschutz

Südafrika ist ein sonniges Land, die Sonne scheint viel und kräftig und hat einen hohen Anteil an ultravioletter Strahlung. Benutzen Sie deshalb Sonnenschutzmittel mit Schutzfaktor 15 oder mehr.

Sprache

Seit der neuen Verfassung von 1994 gibt es in Südafrika neben den Amtssprachen Englisch und Afrikaans noch 9 weitere Landessprachen.
Mit Englisch kommt man aber überall gut durch.

Straßen

Südafrika hat ein weit verzweigtes, gutes Straßensystem. Auch auf nichtgeteerten Nebenstraßen kann man gut fahren. Einige Autobahnen sind gebührenpflichtig. Tankstellen gibt es in hinreichenden Abständen, an den Tankstellen kann nicht mit Kreditkarten gezahlt werden!

Strom → Elektrizität

Tankstellen

Es gibt überall Tankstellen oder auch riesige Tankanlagen mit Laden und Restaurant, wie z.B. „Ultracity" von Shell, jedoch liegen die Tankstellen oft weiter auseinander als bei uns in Deutschland. Deshalb sollte der Wohnmobilfahrer sein „Tagewerk" grundsätzlich nur mit vollem Tank beginnen.
Die Tankstellen akzeptieren keine Kreditkarten, nur Bargeld!

Taxi

Leere Taxis fahren normalerweise nicht kreuz und quer durch die Stadt, man muss sie telefonisch ordern oder sich zu einem Taxistand begeben. Abends sollte man das Taxi vom Hotelportier bestellen lassen. Achten Sie darauf, dass das Taxameter auf Null gesetzt ist.

Telegraf und Telefon

Es finden sich überall Telefone, die mit Ausnahme einiger kleiner Landgemeinden vollautomatisch im Selbstwähldienst funktionieren.
Blaue Telefonzellen sind Münzfernsprecher, von diesen kann man auch Auslandsgespräche führen, das kostet 6 Rand pro Minute, man benötigt für ein Gespräch nach Deutschland also einen ganzen Sack voll Münzen, 50-cent- oder 1-Rand-Stücke.
Die grünen Telefonzellen akzeptieren Telefonkarten. Karten zu 10 Rand gibt es im Postamt und auf den Flugplätzen.
Telefonieren vom Hotel aus ist, wie überall auf der Welt, teurer.
Die Vorwahl von Deutschland, Österreich und der Schweiz nach Südafrika ist 0027, es folgt die Vorwahl der Stadt, wobei die Null vor der Ortskennzahl entfällt.
Die Vorwahl von Südafrika nach Deutschland ist 0949, nach Österreich 0943 und in die Schweiz 0941, auch hier entfällt die Null vor der Ortskennzahl.
Ferngespräche werden auch auf den Postämtern vermittelt, hier benötigt man dann nicht den Sack voll Münzen.

Trinkgeld

Es ist üblich, im Restaurant 10% des

Immer den richtigen Überblick haben die Giraffen im Krüger Nationalpark

Die wichtigsten Tiere im Krüger Nationalpark
(die Zahlen in Klammern geben Anhaltswerte für die Populationen an, soweit bekannt)

Ameisenbär
Bergriedbock
Bleichbock
Breitmaulnashorn (1300)
Büffel (30.000)
Buschbock
Buschhase
Elefant (7.500)
Elenantilope
Erdwolf
Fleckenhyäne
Gepard (250)
Giraffe (4.900)
Grünmeerkatze
Großfleckige Ginsterkatze

Honigdachs
Hyänenhund
Impala (125.000)
Klippenspringer
Kronenducker
Kudu (7.400)
Kuhantilope
Leierantilope
Leopard (900)
Löwe (1.500)
Moschusbock
Nilpferd (3.300)
Pferdeantilope
Rappenantilope (2.200)
Rehbock

Riedbock
Schabrackenschakal
Servalkatze
Spitzmaulnashorn (200)
Stachelschwein
Steinbock
Steppen-Schuppentier
Steppenzebra (32.000)
Streifengnu (11.400)
Tiefland-Nyala
Tschakma-Pavian
Wasserbock (3.000)
Warzenschwein (2.100)
Wüstenluchs
Zibetkatze

Rechnungsbetrages als Trinkgeld zu geben, auch der Taxifahrer erhält 10%. Der Kofferträger bekommt 1 R pro Gepäckstück und das Zimmermädchen 1 R pro Tag.

Verkehrsvorschriften

Ich gehe davon aus, dass Sie eine Fahrerlaubnis besitzen und die Verkehrszeichen kennen, dann haben Sie im Straßenverkehr in Südafrika keine Probleme.
Für Südafrika benötigen Sie einen Internationalen Führerschein.
Es herrscht Linksverkehr, Anschnallpflicht und Alkoholverbot für den Fahrer, wobei die Promillegrenze bei 0,8 liegt.

Visum → Einreise

Währung

Die Währung in Südafrika ist der Rand (R). 1 Rand = 100 cents. 1 Rand entspricht ungefähr 0,35 DM. Es gibt alte und neue Münzen zu 1 c, 2 c, 5 c, 10 c, 20 c, 50 c und 1 R sowie neue Münzen zu 2 R und 5 R. An Scheinen gibt es alte und neue zu 5 R, 10 R, 20 R und 50 R sowie neue 100 R und 200 R-Scheine. Ausländische Währung kann auf den Banken und Flughäfen eingetauscht werden. Die gängigen Kreditkarten werden akzeptiert (außer an Tankstellen).

Zeit

Während der mitteleuropäischen Sommerzeit besteht Zeitgleichheit mit Südafrika, in der übrigen Zeit ist uns Südafrika 1 Stunde voraus.

Zollbestimmungen

Alle Gegenstände für den persönlichen Bedarf dürfen zollfrei eingeführt werden. Dazu zählen auch für Erwachsene 1 Liter Spirituosen, 2 Liter Wein, 400 Zigaretten und 50 Zigarren.
An Devisen dürfen 500 Rand ein- und ausgeführt werden, andere Währungen und Reiseschecks können in beliebiger Höhe eingeführt werden, müssen aber bei der Einreise deklariert werden.

Was kostet so eine Reise?

2 Flüge	4.138
Wohnmobil	3.800
Rückführung	570
Rücktrittversicherung	50
Übernahmegebühr	30
Hotels	1.033
Inyati Game Lodge	567
Benzin	579
Campingplätze	200
Eintritte	50
Filme	365
Essen & Sonstiges	775
Malaria-Tabletten	86
Mietwagen Kapstadt	157
	12.400

Wichtige Adressen

Südafrikanische Botschaft
Auf der Hostert 3
53173 Bonn
Tel.: (0228) 8201-0
Fax: (0228) 8201148

Honorarkonsulat von Swasiland
Worringer Str. 59
40211 Düsseldorf
Tel.: (0211) 350866
Fax: (0211) 73553

Deutsche Botschaft
180 Blackwood Street
Arcadia, Pretoria 0002
Südafrika
Tel.: (012) 3443854
Fax: (012) 3439401

Deutsches Generalkonsulat
16 Kaptein Str., 5th floor
Hillbrow, Johannesburg 2001
Südafrika
Tel.: (011) 7251573

SATOUR-South African Tourism Board
An der Hauptwache 11
60313 Frankfurt
Tel.: (069) 929129-0
Fax: (069) 280950

SATOUR Head Office
442 Rigel Ave. South
Erasmusrand 0181
Private Bag X164
Pretoria 0001
Tel.: (012) 3470600
Fax: (012) 454889

ASA – Arbeitsgemeinschaft
Südliches Afrika e.V.
Inge von Rensburg
Deisenhofener Str. 89
81539 München
Tel.: (089) 696224
Fax: (089) 6920409

National Park Board
P.O. Box 787
Pretoria 0001
Südafrika
Tel.: (012) 3439770
Fax: (012) 3432006

Wichtige Adressen

Automobil Association of SA
De Korte Street 66
Braamfontein 2002
Südafrika
Tel.: (0 11) 4 07 10 00
Fax: (0 11) 3 39 20 58

ADAC Hauptverwaltung
Am Westpark 8
81373 München
Tel.: (0 89) 22 34 14 00
Fax: (0 89) 22 33 13 72

ACE-Auto Club Europa e.V.
Schmidener Str. 233
70374 Stuttgart
Tel.: (07 11) 5 30 33 02
Fax: (07 11) 5 30 32 10

AvD-Automobilclub von Deutschland
Lyoner Str. 16
60528 Frankfurt
Tel.: (0 69) 66 06-0
Fax: (0 69) 66 06–2 10

KNYSNA Camper Hire
P.O. Box 1286
Knysna 6570
Südafrika
Tel.: (04 45) 2 24 44
Fax: (04 45) 8 25 887

TARUK
TransContinental Reisen und Kultur GmbH
Wittelsbacher Str. 2a
82319 Starnberg
Tel.: (0 81 51) 30 91
Fax: (0 81 51) 37 56

South African Airways
P.O. Box 7778
Johannesburg 2000
Tel.: (0 11) 3 56 11 11
Fax: (0 11) 3 33 81 32

Garantieausschluss
Verlag und Autor haben die Hinweise in diesem Buch sorgfältig geprüft, und der Autor hat alle Strecken persönlich abgefahren, trotzdem kann keine Garantie übernommen werden.
Eine Haftung des Autors bzw. des Verlages für Personen-, Sach- und Vermögensschäden ist ausgeschlossen.

Besten Dank
möchte ich allen sagen, die mich bei meinen Arbeiten an diesem Buch unterstützt haben.
Das ist besonders meine Lektorin Barbara Locher vom Drei Brunnen Verlag, dann meine Frau, die wieder einen großen Teil der „Fleißarbeit" gemacht hat, sowie Werner Gordes von SATOUR Frankfurt, Barrie Lightley, Knysna SA und Caroline Palazzo, Inyati Game Lodge SA für die kritische Durchsicht des Manuskripts.

Register

Abel Erasmus Pass	45
Abendpirsch	58
Adderley Street	131
Addo Elephant National Park	96
Adressen	149
Affenbrotbäume	14
African Arts Centre	75
Alkohol	140
Amphitheatre Garden	74
ANC	11
Apartheid	10, 85
Apotheken	140
Ärztliche Versorgung	140
Auskunft	140
Autofahren	140
Automobilclub	140
Aventura Swadini	46
Badplaas	68
Banken	140
Bantu	81
Beachfront	73
Beacon Island	109
Belvidere	111
Benzin	140
Berg-en-Dal	56
Big Five	13
Big Tree	103
Bilharziose	140
Biltong	117
Bisho	93
Bloubergstrand	130
Blyde River Canyon	42
Blyderivierspoort Nature Reserve	42
Botha's Hill	78
Botshabelo Mission Station	35
Bourke's Luck Potholes	44
Brenton on Sea	111
Bridal Veil Fall	40
Brook's Nek	87
Buffalo Valley Game Farm	112
Büffel	13
Bulembo	65
Buren	10
Buschmänner	9, 81
Café Wien	33
Campanile	99
Camping	140
Camping Guide	21
Campingausrüstung	25
Campingplätze	21
Cango Caves	118
Cango Ostrich Farm	118
Cape Agulhas	121
Cape of Good Hope Nature Reserve	127
Cape Point	127
Cape St. Francis	101
Carlton Centre	27
Castle of Good Hope	131
Chapman's Peak Drive	128
Church Square	33
Ciskei	92
City Hall	28, 33
Company's Garden	132
Crocodile Bridge	48
Crown Mines	29
Da Gama Clock	75
Devil's Park	134
Diamanten	18
Diaz, Bartolomëu	9
Dick King Statue	75
Dingaane's Kraal	83
Donkin Reserve	98
Donkin Street Houses	99
Drostdy Museum	121
Durban	72
Durban Exhibition Centre	76
Dwesa Nature Reserve	90
East London	92
Edward Hotel	99
Einkaufen	141
Einreise	141
Einwegmiete	25
Einwohner	8
Elefant	13

Elektrizität	141	Jan van Riebeeck	10, 130
Eshowe	82	Johannesburg	26
Essen	141	Jubilee Creek	111
Ezulwini	66	Jumah Mosque	76
Fahrverbote	25	Kaffernkriege	10
Fahrverhalten	142	Kap der Guten Hoffnung	127
False Bay	125	Kap-Halbinsel	125
Feiertage	142	Kapstadt	130
Ferientermine	142	Kapweine	20
Feuerbäume	14	Kaution	25
Fish Hoek	126	Keurbooms River	109
Fort Selwyn	96	Kirchengemeinden	8
Führerschein	24, 142	Kirstenbosch Botanical Garden	135
Funworld	74	Kleidung	143
Gamereservate	12	Klima	16, 143
Garden Route	108	Kloof Falls	78
George	113	Knysna	22, 109
German Settler's Memorial	92	Knysna Lagune	111
Geschichte	8	Kokstad	87
God's Window	44	Kosten	25
Gold	17	Kranshoek	111
Gold Reef City	28	Krantzkloof Nature Reserve	78
Goldene Meile	72	Kreditkarten	24, 143
Goldrausch	17	Kriminalität	144
Grahamstown	95	Kruger National Park	
Greenmarket Square	132	(Krüger-Nationalpark)	12, 48
Groote Kerk	132	Krüger, Paul	11
Haie	15	Kwazulu	81
Havelock Mine	65	Lake St. Lucia	70
Highgate Ostrich Show Farm	118	Leoparden	13
Hillcrest	78	Letaba	56
Historic Cemetery	42	Lions Head	134
Hlane Royal National Park	64	Lobamba Royal Village	68
Hluhluwe Game Reserve	70	Lone Creek Falls	40
Hoedspruit	45	Long Tom Pass	38
Hole in the Wall	89	Lost City	36
Homelands	85	Löwe	13
Horseshoe Falls	40	Lower Sabie	56
Hotels	142	Lydenburg	38
Hottentotten	81	Mac Mac Wasserfall	41
Houses of Parliament	132	Malaria	144
Hugenotten-Denkmal	125	Malelane Gate	48
Impfungen	143	Malolotja Nature Reserve	63, 66
Indian Market	76	Mandela, Nelson	11
Inyati Game Lodge	57	Männerwohnheim	30

Register

Register

Manzini	68
Mapelane Nature Reserve	70
Mariepskop	45
Maße	144
Mbabane	66
Mehrwertsteuer	25, 144
Melrose House	33
Memorial Church	81
Middelburg	33
Mietbedingungen	24
Mietpreise	24
Millwood House	111
Mindestmietdauer	24
Mkuzi Game Reserve	70
Mlawula Nature Reserve	64
Mlilwane Game Reserve	64
Mlilwane Wildlife Sanctuary	67
Mossel Bay	113, 119
Mostert's Mill	136
Mouth Trail	104
Mt. Anderson	39
Mthatha	88
Muizenberg	125
Museum Africa	28
Nagle Dam	80
Nashorn	14
Natal	72
Natal Bay	73
Natal Lion Park	80
Natal Table Mountain	80
Nationalparks	12, 144
Nature Reserve Robberg	109
Nature's Valley	107
Ndebele-Dorf	33
Ngwane	62
Ngwenya Mine	66
Numbi Gate	48
Old Colonial Building	81
Olifants	56
Orpen Gate	48
Ostrich	117
Otter Trail	104
Oudtshoorn	115
Outeniqua Choo Tjoe Train	113
Paarl	125
Pafuri Gate	48
Panorama-Route	42
Paul Krüger Gate	48
Paul Sauer Bridge	102
Perlhühner	53
Phalaborwa Gate	48
Phinda Resource Reserve	70
Phophonyane-Wasserfälle	65
Pied Kingfisher Trail	112
Pietermaritzburg	80
Pigg's Peak	65
Pilanesberg National Park	36
Pilgrim's Rest	41
Plettenberg Bay	108
Port Alfred	94
Port Elizabeth	98
Port St. Johns	89
Post	145
Post Office	28
Potholes	44
Preise	145
Pretoria	31
Pretoriuskop	55
Protea	14, 135
Punda Maria Gate	48
Rain Forest	44
Reiseinformationen	140
Reisewetter	145
Reisezeit	16
Reservierung	25
Rest Camps	55
Rhodes Universität	96
Rikscha-Fahrer	74
Rob Roy Hotel	79
Robben Island	134
Robinson Pass	120
Rolling Hills	87
Sabi Sand Game Reserve	57
Sabie	40
Saddleback-Pass	65
Safari Show Farm	118
Sand River	57
Schirmakazien	14
Sea World Aquarium	75
Seal Island	120, 126

WIR SIND SÜDAFRIKA FÜR SIE.
MEHR DENN JE.

Afrikas größte Fluglinie hat ein neues Gesicht, neuen Auftrieb, neue Ideen und Ziele. Geblieben sind das Engagement für absolute Zuverlässigkeit und unsere herzliche südafrikanische Gastfreundschaft. Denn wir sind und bleiben Südafrika für Sie. Am Boden. In der Luft. Auf der ganzen Linie.

Register

Seven Passes Road	112	Telefon	146
Shakaland	83	The Greater	70
Signal Hill	134	The Pinnacle	44
Silvermine Nature Reserve	126	Township	29
Simon's Town	126	Transkei	85
Skukuza	55	Transkei Hiking Trail	89
Snake Park	73	Trinkgeld	146
Sodwana Bay National Park	70	Tsitsikamma National Park	101
South African Maritime Museum	133	Umtata	88
Soweto	29	Union Buildings	32
Sprache	146	Unisa	31
Sprachen	8	Unitra	88
St. Francis	101	Valley of Thousand Hills	78
St. George's Cathedral	132	Vasco da Gama	9, 72
St. James	126	Verkehrsvorschriften	148
St. John Kirche	121	Versicherungen	25
St. Lucia	70	Victoria and Alfred Waterfront	132
St. Lucia Marine Reserve	70	Victoria Embankment	75
St. Lucia Wetland Park	70	Victoria Street Market	76
Stellenbosch	123	Visum	148
Stewart's Farm	83	Voortrekker	10
Stock Exchange	28	Voortrekker Monument	32
Straußenfarmen	115	Voortrekker Museum	81
Südafrika	8	Währung	148
Sugar Terminal	73	Wasserfälle	40
Summerhill-Ananasfarm	95	Weinroute	124
Sun City	35	Wild Coast	86, 88
Swart Lake	113	Wilderness Nationalpark	112
Swaziland	62	Wirtschaft	18
Swazi-Market	66	Wohnmobil	21
Swellendam	121	World's End	45
Tafelberg	133	Zollbestimmungen	148
Tal der Tausend Hügel	78	Zululand	82
Tankstellen	146	Zulus	72, 81
Taxi	146